人力资源管理从入门到精通系列

劳务派遣实操

全程实战指导手册

杨娟　主编

化学工业出版社

·北京·

内容简介

《劳务派遣实操——全程实战指导手册》一书主要包括劳务派遣概述、劳务派遣运营管理、劳务派遣员工管理、劳务派遣合同与协议、劳务派遣风险管理、派遣员工保护管理、劳动争议预防与化解七章内容。

本书采用图文解读的方式,通过基本流程、内容解读的形式,并辅以小提示、范本、相关链接等栏目,让读者在轻松阅读中了解劳务派遣实操过程中的要领并学以致用。本书尽量做到去理论化、注重实操性,以精确、简洁的方式描述重要知识点,满足读者希望快速掌握劳务派遣实操技能的需求。

本书可作为人力资源管理人员、劳务派遣相关工作人员的参照范本和工具书,也可供高校教师和专家学者作为实务类参考指南,还可以作为相关培训机构开展人力资源管理培训的参考资料。

图书在版编目(CIP)数据

劳务派遣实操:全程实战指导手册/杨娟主编.—北京:化学工业出版社,2021.11(2023.9重印)
(人力资源管理从入门到精通系列)
ISBN 978-7-122-39815-4

Ⅰ.①劳… Ⅱ.①杨… Ⅲ.①劳务合作-人力资源管理-手册 Ⅳ.①F243-62

中国版本图书馆CIP数据核字(2021)第174980号

责任编辑:陈 蕾 刘 丹　　　　　装帧设计:史利平
责任校对:宋 夏

出版发行:化学工业出版社(北京市东城区青年湖南街13号 邮政编码100011)
印　　装:涿州市般润文化传播有限公司
787mm×1092mm　1/16　印张13¼　字数267千字　2023年9月北京第1版第3次印刷

购书咨询:010-64518888　　　　　售后服务:010-64518899
网　　址:http://www.cip.com.cn
凡购买本书,如有缺损质量问题,本社销售中心负责调换。

定　价:68.00元　　　　　　　　　　　　　　　　　版权所有 违者必究

前言

人力资源管理在企业管理中的作用变得日益重要。一个企业能否健康发展，在很大程度上取决于员工素质的高低与否，取决于人力资源管理在企业管理中的受重视程度。

人是企业拥有的重要资源，也是企业的核心竞争力所在。随着企业对人力资源的利用和开发，企业的决策越来越多地受到人力资源管理的约束。目前人力资源管理逐渐被纳入企业发展战略规划中，成为企业谋求发展壮大的核心因素，也是企业在市场竞争中立于不败的至关重要的因素。人力资源管理的质量高低，直接影响到企业利润和企业的核心竞争力，人力资源管理变成了最优先级的战略性资源之一。

基于此，为了帮助人力资源管理工作者更好地完成本职工作，充分发挥人力资源管理工作在企业发展中的作用，我们组织有关专家学者编写了本书。

通过本书的学习，人力资源管理者可以全面掌握人力资源管理的各项技能，更好地开展人力资源管理工作。同时，本书可以作为人力资源管理入门者、中小企业管理者、各高校人力资源管理专业的学生、大型企业中层管理者自我充电、自我提升的学习手册和日常管理工作的指导手册，还可以作为相关培训机构开展岗位培训、团队学习的参考资料。

《劳务派遣实操——全程实战指导手册》一书主要包括劳务派遣概述、劳务派遣运营管理、劳务派遣员工管理、劳务派遣合同与协议、劳务派遣风险管理、派遣员工保护管理、劳动争议预防与化解七章内容。

本书由杨娟主编，参与编写的还有匡仲潇、刘艳玲。本书采用图文解读的方式，通过基本流程、内容解读的形式，并辅以小提示、范本、相关链接等栏目，让读者在轻松阅读中了解劳务派遣实操过程中的要领并学以致用。本书尽量做到去理论化、注重实操性，以精确、简洁的方式描述重要知识点，满足读者希望快速掌握劳务派遣实操技能的需求。

由于笔者水平有限，书中难免出现疏漏之处，敬请读者批评指正。

编者

目录

第一章 劳务派遣概述

第一节 劳务派遣的基本认知 2
一、劳务派遣的定义 2
二、劳务派遣的特征 2
三、劳务派遣的优势 4
四、劳务派遣的形式 6
五、劳务派遣服务的阶段 7
六、适合劳务派遣的人员 8
七、适合劳务派遣的情形 9
八、适合劳务派遣的单位 9
相关链接 劳务派遣与劳务外包的区别 10

第二节 劳务派遣的资格认证 11
一、劳务派遣单位应具备的条件 11
二、经营劳务派遣业务的要求 12
三、劳务派遣行政许可 13
四、劳务派遣单位的义务 15
五、劳务派遣法律责任 15
相关链接 《劳动合同法》中有关劳务派遣的规定 16

第二章　劳务派遣运营管理

第一节　组织架构设立……20
一、组织架构的设计……20
相关链接　常见的组织架构形式……24
范本　××劳务派遣公司组织架构图……27
范本　××劳务派遣有限公司组织架构图……28
二、岗位设置……28
三、编制岗位说明书……32
范本　××劳务派遣公司岗位说明书……33

第二节　实行制度管理……35
一、制度管理的概念……35
二、制度管理的作用……35
三、制定制度的基本原则……36
四、制定制度的步骤……36
五、制度的组成……38
范本　××劳务派遣公司管理制度……39
范本　××劳务派遣公司员工管理制度……42
六、制度的实施……43
相关链接　如何提升企业制度执行力……46

第三节　完善客户管理……48
一、细化客户需求分析……48
二、全面评估客户资质……49
三、加强客户应收款管理……51

第三章　劳务派遣员工管理

第一节　派遣员工招聘管理……54
一、明确招聘需求……54
二、选择招聘渠道……54
三、发布招聘广告……55

　　　　　范本　关于公开招聘劳务派遣人员的公告 56
　　　四、筛选求职简历 58
　　　五、组织人员面试 59
　　　六、入职背景调查 62
　　　　　范本　背景调查表 64
　　　七、员工录用入职 65
　　　　　范本　派遣员工入职手续办理须知 66

第二节　派遣员工培训管理 67
　　　一、培训需求分析 67
　　　二、培训计划制订 69
　　　　　范本　××劳务派遣公司就业培训部培训计划 73
　　　三、培训课程设计 75
　　　四、培训实施控制 76
　　　五、培训效果评估 77

第三节　派遣员工薪酬管理 79
　　　一、薪酬的内涵 79
　　　二、设计合理的薪酬结构 79
　　　三、建立反映职业特征的薪酬制度 81
　　　四、提供灵活的福利待遇 82
　　　五、建立科学合理的绩效考核体系 83
　　　　　范本　××劳务派遣公司员工绩效考核办法 85

第四章　劳务派遣合同与协议

第一节　劳动合同 90
　　　一、劳动合同的制定 90
　　　　　范本　人力资源和社会保障部劳务派遣合同示范文本 91
　　　二、劳动合同的订立 97
　　　三、劳动合同的履行 99
　　　四、劳动合同的解除或终止 100
　　　　　相关链接　《劳动合同法》关于经济补偿金的规定 101

第二节　派遣协议 ... 102

一、劳务派遣协议的签订主体 ... 102

二、劳务派遣协议的内容 ... 102

三、规避劳务派遣协议的风险 ... 103

　　范本　劳务派遣协议 ... 104

四、派遣协议的解除 ... 109

　　范本　终止劳务派遣服务协议书 ... 110

第五章　劳务派遣风险管理

第一节　劳务派遣风险管理认知 ... 112

一、劳务派遣风险的成因 ... 112

二、劳务派遣风险的特征 ... 113

三、劳务派遣风险管理流程 ... 114

第二节　劳务派遣风险识别与防范 ... 117

一、用工单位财务能力风险识别及防范 ... 117

二、用工单位法律意识风险识别及防范 ... 118

三、能力匹配风险识别及防范 ... 119

四、派遣员工管理风险识别及防范 ... 120

五、派遣单位自身财务管理风险识别与防范 ... 122

六、派遣员工劳动关系转移风险识别及防范 ... 123

七、派遣员工辞退风险识别及防范 ... 124

八、商业机密泄露风险识别及防范 ... 125

第三节　劳务派遣风险控制保障措施 ... 126

一、树立全员风险意识 ... 126

二、坚持合规经营 ... 127

三、组建专业化的从业团队 ... 127

四、完善派遣员工的培训体系 ... 129

五、搭建三方信息沟通机制 ... 130

六、提升派遣员工满意度 ... 131

    七、建立派遣业务风险预警及应急处置预案 133
        范本　××劳务派遣公司外派劳务纠纷处理应急预案 134

第六章　派遣员工保护管理

第一节　派遣员工权益保护 142
　　一、派遣员工休假保护 142
　　　　相关链接　劳动者应享受的假期 142
　　二、派遣员工同工报酬 144

第二节　派遣员工劳动安全保护 146
　　一、劳动条件和劳动保护的含义 146
　　二、加强派遣员工安全教育 147
　　三、保证作业环境安全 150
　　四、提供必要的防护用品 152
　　五、及时排查和处理安全隐患 153
　　六、做好安全警示标识 156

第三节　派遣员工职业健康防护 157
　　一、明确双方的责任和义务 157
　　二、开展职业健康安全宣传与教育 157
　　三、职业病危害告知 158
　　四、职业病危害警示标识 160
　　　　相关链接　《用人单位职业病危害告知与警示标识管理规范》节选 160
　　五、开展职业健康检查 163
　　六、进行职业健康监护 164
　　　　相关链接　《职业病防治法》有关劳动过程中的防护与管理的规定 166
　　七、职业病诊断与鉴定 168
　　　　相关链接　《职业病防治法》有关法律责任的节选 169

第四节　派遣女员工特殊保护 171
　　一、女员工特殊保护的含义 171
　　二、女员工禁忌从事的劳动 171

相关链接　《女职工劳动保护特别规定》节选..................171
　三、对女员工"四期"保护..................173

第五节　关注派遣员工心理健康..................175
　一、员工心理健康管理的目的..................175
　二、员工心理不健康的表现..................175
　三、员工心理援助计划..................176

第七章　劳动争议预防与化解

第一节　劳动争议的预防..................180
　一、什么是劳动争议..................180
　二、解雇纠纷预防细节..................180
　三、开除争议的预防..................181
　四、辞工和自动离职争议的预防..................182
　五、加班争议的预防细节..................183
　六、患病医疗费争议的防范..................184
　七、工伤待遇争议的防范..................184
　　相关链接　派遣员工遭遇工伤，谁负责任..................186

第二节　劳动争议的处理..................187
　一、劳动争议的分类..................187
　二、劳资纠纷的处理程序..................188
　三、处理劳动纠纷、争议的依据..................189
　四、对已经出现劳资纠纷的评估..................190
　五、常见劳资纠纷的应对策略..................190
　六、应对劳动争议仲裁时效延长的策略..................192
　七、应对劳动争议中不能提供证据的策略..................192
　八、对"一裁终局"的案件应请律师把关..................192
　九、依法对追索劳动报酬等裁决申请撤销..................193
　十、有权申请仲裁员回避的情形..................193

第三节　建立非司法性员工申诉机制 194
  一、非司法性申诉机制的目的 194
  二、申诉机制中的主体 194
  三、申诉的类型 195
  四、申诉处理的标准 195
  五、申诉处理的程序 195
  六、申诉信息的保密 198

第一章
劳务派遣概述

第一节
劳务派遣的基本认知

一、劳务派遣的定义

劳务派遣又称人才派遣、人才租赁、劳动力派遣、劳动力租赁，是指依法成立的劳务派遣单位根据用工单位的需求，依据与用工单位订立的劳务派遣协议，筛选符合用工单位要求的劳动者并在与其建立劳动关系后，将劳动者派遣到用工单位工作的一种新型的灵活用工形式，如图1-1所示。

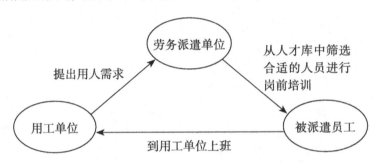

图1-1 劳务派遣的业务流程

> **小提示**
>
> 随着社会分工的细化，越来越多的企业采用劳务派遣的用工方式，以专注企业核心竞争力的发展。

二、劳务派遣的特征

劳务派遣最显著的特征是存在"三方主体"和"两份合同"，也就是我们常说的雇佣和使用相分离。

1. 三方主体

"三方主体"指的是劳务派遣单位、被派遣员工和用工单位，如图1-2所示。

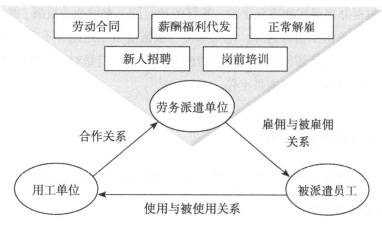

图 1-2 劳务派遣的三方主体

其中，劳务派遣单位是向用工单位派遣员工的单位，双方以劳务派遣协议明确双方之间的权利和义务关系。用工单位是接受被派遣员工且使用员工进行劳动的单位，并为使用被派遣员工向派遣单位支付商定的费用。被派遣员工是被劳务派遣单位和用工单位当作类似商品加以交换和使用的打工者。

2. 两份合同

"两份合同"指的是劳务派遣单位与被派遣员工之间签订的劳动合同，以及劳务派遣单位与用工单位之间签订的派遣协议，如图 1-3 所示。

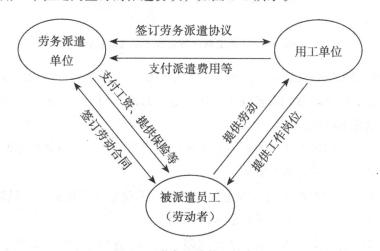

图 1-3 劳务派遣的两份合同

用工单位与被派遣员工之间不存在任何隶属关系，但却是派遣员工实际付出劳动的对象；相反，劳务派遣单位是被派遣员工的真正雇主，但并不是被派遣员工实际付出劳动的对象。这也就形成了我们常说的"雇佣而不用，用却不雇佣"的局面。

劳务派遣单位与被派遣员工建立劳动关系、签订劳动合同，履行用人单位对劳动者的义务，包括办理录用和离职手续、签订劳动合同、支付劳动报酬、缴纳社会保险、办理工伤认定、承担工伤待遇等。用工单位与被派遣员工之间并不存在劳动关系，通常只有使用关系，无须履行以上对劳动者的具体义务，但是对于劳务派遣单位侵犯被派遣员工权益的行为应承担连带责任。

三、劳务派遣的优势

作为一种新型而较为灵活的劳动用工形式，劳务派遣所具有的优势是显而易见的。

1. 从用工需求方看

从用工需求方来看，劳务派遣具有图 1-4 所示的优势。

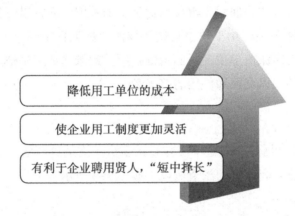

图 1-4 从用工需求方看劳务派遣的优势

（1）降低用工单位的成本。降低了用工单位的生产成本和人事管理成本，有利于提高用工单位的经济效益和管理效率。通过劳务派遣，用工单位的信息搜寻成本、治理成本和培训成本降低为零。

用工单位只需将用人的条件向劳务派遣单位提出来即可，具体的招聘、管理和培训工作都由劳务派遣单位负责完成。

生产成本在一定时期内变得固定和可预见，不确定性导致的各种风险，如跳槽、招工容易辞退难、违约等将会得到有效控制和转移。

用工单位只需根据工作标准、工作时限、工作任务与派遣单位谈判总体费用，具体每位员工工资和福利等生产成本以及合同的谈判、签订、履行和违约的处理等管理成本，均由派遣单位确定。

（2）使企业用工制度更加灵活。企业可以根据生产需要随时增加或减少用工。为适应市场的新变化，企业需要更加灵活的用工机制，从而可以减少企业"应雇而未雇"或"应多雇而少雇"现象的发生，提高雇工效率。

（3）有利于企业聘用贤人，"短中择长"。在受派遣的员工和客户企业双方进行互相选择时，企业对满意的员工可重点培养，而后转为直接雇佣，实现人力资源使用中的续短为长，提高双向选择的用工意愿。

2. 从供给方看

从供给方来看，劳务派遣的优势体现在图1-5所示的几个方面。

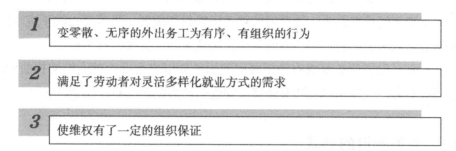

图1-5　从供给方看劳务派遣的优势

（1）变零散、无序的外出务工为有序、有组织的行为。劳务派遣单位的出现，将原有零散的外出务工形式变成有组织、成规模的派遣形式，形成职业介绍、岗前培训、输出安置的用工流程，并负责社会保险的缴纳、工资支付、权益维护等事宜。这样，减少了外出务工的盲目性，降低了受雇风险和成本；改变了农村剩余劳动力进城务工主要通过投亲靠友、老乡带老乡等原始手段，有利于农村剩余劳动力向城镇转移。同时，也为开拓国际劳务市场创造了条件。

（2）满足了劳动者对灵活多样化就业方式的需求。随着我国高等教育从精英教育向大众教育体制的转化，就业人口的高学历比例大幅提高。这意味着想发挥自己技术的人增多起来。这些人的适应能力大多都比较强，不愿意被特定的岗位或单位所束缚，希望拥有更多的自由空间，到适合发挥自己技术特长的企业就职，以获得丰富的阅历、更好的收入，提高生活质量。他们成为劳务派遣方式的又一供给者。

实际上，未来雇佣政策的大课题之一，就是如何去满足劳动者对就业方式不断多样化的需求以及与此相对应的企业对灵活用工的需求，尽可能减少摩擦性失业。劳务派遣这种雇佣方式有望在减少摩擦性失业、调节劳动力供需错位方面成为行之有效的调节系统之一。

（3）使维权有了一定的组织保证。通过劳务派遣员工与劳务派遣单位签订劳动合同，劳务派遣单位对劳务派遣员工的工资、福利待遇负责。发生侵权事件，由劳务派遣单位代表员工出面维权，变劳务派遣员工个人维权为有组织的维权行为，客观上有利于更好地维护受雇职工的权益。

3. 从劳务派遣单位的功能看

劳务派遣单位充当了劳动力供求双方的担保人。劳务派遣单位作为具有独立法人资格的企业，充当了供求双方的担保人，有利于提高劳动力供求双方的信任度和满意度。

4. 从调节劳动力市场供求的作用看

当劳动力市场就业形势比较严峻时，正规部门就业岗位相对减少，会促使更多的人通过非正规部门寻求就业，使严峻的就业形势得到缓解；当劳动力供不应求时，通过劳务派遣可以实现社会对劳动力的分享，实现劳动力资源的有效配给。

从长远看，发展劳务派遣有助于缓解我国长期以来劳动力就业结构扭曲的问题，促进农村劳动力向城镇和非农产业转移，促进劳动力资源的有效配置。

四、劳务派遣的形式

劳务派遣可以分为如表1-1所示的几种形式。

表1-1 劳务派遣的形式

序号	分类	具体说明
1	完全派遣	由派遣单位承担从人才招聘、选拔、培训、素质测评、体检到合同签订、人事关系转接、工资计发、社会保险关系办理、绩效考核评价、解聘等"一条龙"全程服务
2	转移派遣	由用工单位自行招募、选拔、培训人员，与劳务派遣单位签订派遣协议，派遣单位与派遣员工签订劳动合同，并由派遣单位负责员工的报酬、福利、绩效评估、处理劳动纠纷等事务
3	减员派遣	指用工单位对自行招募或者已雇佣的员工，将其雇主身份转移至派遣单位。用工单位支付派遣单位员工派遣费用，由派遣单位代付所有可能发生的费用，包括工资、资金、福利、各类社保基金以及承担所有雇主应承担的社会和法律责任
4	试用派遣	这是一种新的派遣方式，用工单位在试用期间将新员工转至派遣单位，然后以派遣的形式试用，其目的是使用工单位在准确选才方面更具保障，免去了由于选拔和测试时产生的误差风险，有效降低了人事成本
5	短期派遣	用工单位与劳务派遣单位共同约定一个时间段来聘用和落实被派遣的人才
6	项目派遣	企事业单位为了一个生产或科研项目而专业聘用相关的专业技术人才
7	晚间派遣	用工单位利用晚上的特定时间，获得急需的人才
8	钟点派遣	以每小时为基本计价单位派遣特种人员，比如按小时工作的保洁家政等岗位
9	双休日派遣	以周六、周日为基本计价单位的派遣人员
10	集体派遣	国有企事业单位通过劳务派遣单位把闲置的人员部分或整体地派遣给第三方

五、劳务派遣服务的阶段

劳务派遣服务一般分派遣前期、派遣中期、派遣后期三个阶段。

1. 派遣前期

派遣前期过程中，用工单位确定派遣需求后，与相关派遣单位洽谈、互相考察并签订合法派遣合同（协议）。

2. 派遣中期

派遣中期过程中，派遣单位通过各种渠道组织招募合格的派遣人员并进行岗前培训，与派遣人员签订相关劳动合同后进驻用工单位，用工单位和派遣单位对派遣人员实行双轨管理，其中用工单位对派遣人员进行绩效管理和日常工作管理，派遣单位对派遣人员提供劳资服务管理和劳动关系服务管理。

3. 派遣后期

派遣后期过程中，派遣单位通过内部审核等劳务派遣服务管理活动，督察、分析派遣服务过程，并针对服务过程中出现的不符合事项进行处理控制，实现整个派遣体系的有效运行和持续改善。

如图1-6所示的是××劳务派遣公司实现劳务派遣服务的全过程。

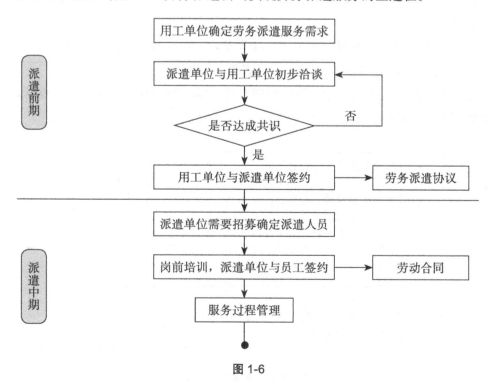

图1-6

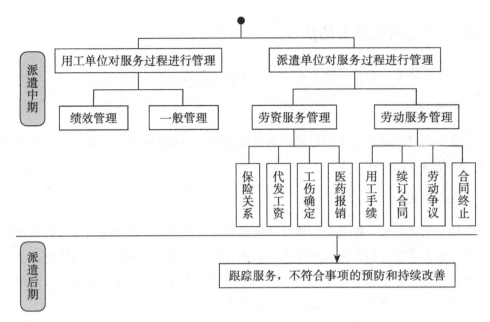

图1-6 ××劳务派遣公司实现劳务派遣服务的全过程

六、适合劳务派遣的人员

根据人才的价值和稀缺性的差异，可以将人才划分为辅助人才、特殊人才、通用人才和核心人才四类。基于劳务派遣的特性使然，并不是所有的员工都适合这种劳务派遣机制。

比如，企事业单位的核心员工（包括管理的、技术的）、需要相对稳定工作的员工等，尤其是掌握企事业单位技术核心机密的关键员工。

适合劳务派遣机制的人才，他们所拥有的共同特征是寻求工作或工作重新定位，包括如图1-7所示的人才。

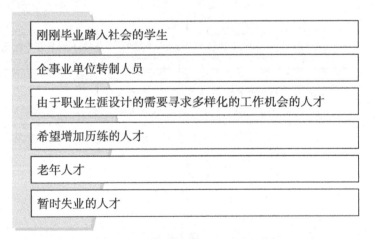

图1-7 适合劳务派遣机制的人才

七、适合劳务派遣的情形

同样，也不是所有的企事业单位都适合这种劳务派遣机制。一般地讲，企事业单位在图1-8所示的几种情况下才会采用劳务派遣。

1. 企事业单位因工作的突发性工作量大增，临时需增加员工
2. 季节性用工
3. 企事业单位因员工请假造成临时性岗位缺员
4. 受编制、计划等政策限制的机关事业单位需要聘用新员工时
5. 企事业单位，尤其是新近筹办的公司、办事处为了专注业务的发展，不想在人事管理上费力，以避免不必要的人事纠纷时

图1-8 适合劳务派遣的情形

八、适合劳务派遣的单位

1. 商品流通零售业

比如服装销售、连锁超市的促销员。此类企业中的员工由于流动性比较大，往往一名新员工入职没多久就又离职了，或者说较大的员工流动量会给企业在制作工资、缴纳社会保险、管理档案等诸多方面不仅带来很多烦琐的工作，而且还会支出一些不必要的费用，这就等于在无形当中给企业带来了很大的损失。

2. 外资企业

一般为工种技能要求相对比较低的、流动性比较大的岗位。

此类企业往往福利待遇比较好，此类员工属于企业的正式在册员工，就应该享有所有的福利待遇。那么企业由于福利费的数额有限，就可以采取劳务派遣的形式将此类员工转往劳务派遣单位，成为劳务派遣单位的在册员工，这样就可以将有限的福利费用于企业内部比较关键岗位的员工身上，从而提高企业员工的凝聚力。

3. 事业单位

一般情况下事业单位受到人员编制的限制，有时会招用一些编外人员作为补充。事业单位往往在为编外人员发放工资时会受到较高税率的影响，缴纳各项社会保险时

会受到无法从正当途径缴纳等诸多影响，那么采取劳务派遣的形式管理编外人员能将此类问题全部解决。

4. 高等院校后勤服务人员

高等院校属于事业单位，诸如食堂服务、环境保洁、内部保安这些后勤服务的工种所涉及的非院校正式的员工也都需要为其缴纳国家规定的各项社会保险，有些院校的管理人员往往不太了解国家及地方的劳动和社会保障政策，不知道怎样缴纳才算合法，所以院校委托专业的劳务公司进行管理会给院校带来很多益处。

5. 物业公司

比如物业管理人员、物业技术工人、其他服务人员等。

物业管理公司在为甲方服务时，需要大量的技术工人和辅助的管理人员，但是这些人员流动性比较大，又属于比较基层的服务人员或技术工人，物业公司为了将这些员工的各项福利待遇与公司内部的管理人员相区分，从而提高管理人员的福利，同时也为了减少对管理这些人员的工作量和管理费用，所以一些知名的物业管理公司均采取劳务派遣的形式来管理。

相关链接

劳务派遣与劳务外包的区别

劳务派遣与劳务外包的区别如下表所示。

劳务派遣与劳务外包的区别

项目	劳务派遣	劳务外包
概念	劳务派遣是指由劳务派遣机构与派遣劳工订立劳动合同，把劳动者派向其他用工单位，再由其用工单位向派遣机构支付一笔服务费用的一种用工形式，英文是Labor Dispatching，又称人力派遣、人才租赁、劳动派遣、劳动力租赁、雇员租赁	劳务外包是指把人事管理的部分或全部工作外包给一个服务机构来完成，即发包单位将公司内的部分业务职能或工作内容发包给相关的服务机构，由该服务机构自行安排人员按照发包单位的要求完成相应的业务职能或者工作内容
性质	用工形式	非用工形式，而是业务外包的经营方式
法律关系	劳务派遣单位与劳动者之间的劳动合同关系 劳务派遣单位与用工单位之间的委托合同关系 用工单位与劳动者之间的用工管理关系	发包单位与劳动者之间的劳动合同关系 发包单位与承包单位之间的委托合同关系

续表

项目	劳务派遣	劳务外包
经营资质	严格按照劳动合同法和公司法的相关规定设立，不易取得	除特别法规规定外无硬性要求
适用法律	劳动合同法、劳动法	民法、合同法
适用范围	适用于用工单位的临时性、辅助性、替代性岗位，且一般不超过用工总量的10%	仅指从事发包单位特定项目而非特定岗位的人员，且外包员工应占整个项目用工数量的全部
关注重点	劳务派遣一般按照派遣的时间和费用标准，根据约定派遣的人数结算费用，其合同标的一般是人，购买的是劳动力使用权，即劳动过程	外包一般按事先确定的劳务单价根据劳务承包单位完成的工作量结算，其合同标的为"事"，购买的是承包单位的业务成果，即服务或产品
考核要求	用工单位对派遣员工进行考核	发包单位对工作成果进行验收考核
管理劳动者的责任主体	被派遣劳动者必须按照用工单位确定的工作组织形式和工作时间安排进行劳动，由用工单位直接对其工作过程进行监督、管理	发包单位对劳动承包单位的员工不进行直接管理，发包单位的规章制度不适用于外包员工，外包员工的工作组织形式和工作时间安排由承包单位自己安排确定
对外名义	被派遣劳动者常以用工单位的名义对外活动	外包员工不以发包单位名义而以承包单位名义对外活动
用工风险承担	劳务派遣单位与用工单位承担连带责任	除必须确保能提供必要的安全生产条件外，发包单位对承包单位的员工不承担责任

第二节

劳务派遣的资格认证

一、劳务派遣单位应具备的条件

申请经营劳务派遣业务的单位应当具备图1-9所示的条件。

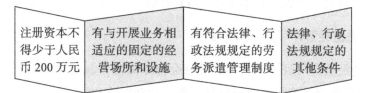

图1-9 申请经营劳务派遣业务的单位应当具备的条件

二、经营劳务派遣业务的要求

经营劳务派遣业务，应当向所在地有许可管辖权的人力资源社会保障行政部门（以下称许可机关）依法申请行政许可，申领"劳动派遣经营许可证"。

未经许可，任何单位和个人不得经营劳务派遣业务。

1．"劳务派遣经营许可证"的申领

申请经营劳务派遣业务的，申请人应当向许可机关提交如图 1-10 所示的材料。

材料一	劳务派遣经营许可申请书
材料二	营业执照或者"企业名称预先核准通知书"
材料三	公司章程以及验资机构出具的验资报告或者财务审计报告
材料四	经营场所的使用证明以及与开展业务相适应的办公设施设备、信息管理系统等清单
材料五	法定代表人的身份证明
材料六	劳务派遣管理制度，包括劳动合同、劳动报酬、社会保险、工作时间、休息休假、劳动纪律等与劳动者切身利益相关的规章制度文本；拟与用工单位签订的劳务派遣协议样本

图 1-10　申请经营劳务派遣业务应提交的材料

许可机关收到申请材料后，应当根据下列情况分别做出处理。

（1）申请材料存在可以当场更正的错误的，应当允许申请人当场更正。

（2）申请材料不齐全或者不符合法定形式的，应当当场或者在 5 个工作日内一次告知申请人需要补正的全部内容，逾期不告知的，自收到申请材料之日起即为受理。

（3）申请材料齐全、符合法定形式，或者申请人按照要求提交了全部补正申请材料的，应当受理行政许可申请。

"劳务派遣经营许可证"样本如图 1-11 所示。

2．"劳务派遣经营许可证"的保管

"劳务派遣经营许可证"由人力资源社会保障部统一制定样式，由各省、自治区、直辖市人力资源社会保障行政部门负责印制、免费发放和管理。

图 1-11 "劳务派遣经营许可证"样本

劳务派遣单位取得"劳务派遣经营许可证"后,应当妥善保管,不得涂改、倒卖、出租、出借或者以其他形式非法转让。

"劳务派遣经营许可证"应当载明单位名称、住所、法定代表人、注册资本、许可经营事项、有效期限、编号、发证机关以及发证日期等事项。"劳务派遣经营许可证"分为正本、副本,正本、副本具有同等法律效力。

3."劳务派遣经营许可证"的变更

劳务派遣单位名称、住所、法定代表人或者注册资本等改变的,应当向许可机关提出变更申请。符合法定条件的,许可机关应当自收到变更申请之日起 10 个工作日内依法办理变更手续,并换发新的"劳务派遣经营许可证"或者在原"劳务派遣经营许可证"上予以注明;不符合法定条件的,许可机关应当自收到变更申请之日起 10 个工作日内做出不予变更的书面决定,并说明理由。

(1)劳务派遣单位分立、合并后继续存续,其名称、住所、法定代表人或者注册资本等改变的,应当按照上述规定执行。

(2)劳务派遣单位分立、合并后设立新公司的,应当重新申请劳务派遣行政许可。

(3)劳务派遣单位设立子公司经营劳务派遣业务的,应当由子公司向所在地许可机关申请行政许可;劳务派遣单位设立分公司经营劳务派遣业务的,应当书面报告许可机关,并由分公司向所在地人力资源社会保障行政部门备案。

三、劳务派遣行政许可

1.许可期限

"劳务派遣经营许可证"有效期为 3 年。

2. 延续行政许可有效期

劳务派遣单位需要延续行政许可有效期的，应当在有效期届满 60 日前向许可机关提出延续行政许可的书面申请，并提交 3 年以来的基本经营情况；劳务派遣单位逾期提出延续行政许可的书面申请的，按照新申请经营劳务派遣行政许可办理。

许可机关应当根据劳务派遣单位的延续申请，在该行政许可有效期届满前做出是否准予延续的决定；逾期未做决定的，视为准予延续。

准予延续行政许可的，应当换发新的"劳务派遣经营许可证"。

3. 不能延续行政许可的情况

劳务派遣单位有下列情形之一的，许可机关应当自收到延续申请之日起 10 个工作日内做出不予延续书面决定，并说明理由。

（1）逾期不提交劳务派遣经营情况报告或者提交虚假劳务派遣经营情况报告，经责令改正，拒不改正的。

（2）违反劳动保障法律法规，在一个行政许可期限内受到 2 次以上行政处罚的。

4. 劳务派遣行政许可撤销

有下列情形之一的，许可机关或者其上级行政机关，可以撤销劳务派遣行政许可。

（1）许可机关工作人员滥用职权、玩忽职守，给不符合条件的申请人发放"劳务派遣经营许可证"的。

（2）超越法定职权发放"劳务派遣经营许可证"的。

（3）违反法定程序发放"劳务派遣经营许可证"的。

（4）依法可以撤销行政许可的其他情形。

申请人隐瞒真实情况或者提交虚假材料申请行政许可的，许可机关不予受理、不予行政许可。

劳务派遣单位以欺骗、贿赂等不正当手段和隐瞒真实情况或者提交虚假材料取得行政许可的，许可机关应当予以撤销。被撤销行政许可的劳务派遣单位在 1 年内不得再次申请劳务派遣行政许可。

5. 劳务派遣行政许可注销

有下列情形之一的，许可机关应当依法办理劳务派遣行政许可注销手续。

（1）"劳务派遣经营许可证"有效期届满，劳务派遣单位未申请延续的，或者延续申请未被批准的。

（2）劳务派遣单位依法终止的。

（3）劳务派遣行政许可依法被撤销，或者"劳务派遣经营许可证"依法被吊销的。

（4）法律、法规规定的应当注销行政许可的其他情形。

劳务派遣单位向许可机关申请注销劳务派遣行政许可的，应当提交已经依法处理与被派遣劳动者的劳动关系及其社会保险权益等材料，许可机关应当在核实有关情况后办理注销手续。

四、劳务派遣单位的义务

劳务派遣单位应当于每年3月31日前向许可机关提交上一年度劳务派遣经营情况报告，如实报告下列事项。

（1）经营情况以及上年度财务审计报告。
（2）被派遣劳动者人数以及订立劳动合同、参加工会的情况。
（3）向被派遣劳动者支付劳动报酬的情况。
（4）被派遣劳动者参加社会保险、缴纳社会保险费的情况。
（5）被派遣劳动者派往的用工单位、派遣数量、派遣期限、用工岗位的情况。
（6）与用工单位订立的劳务派遣协议情况以及用工单位履行法定义务的情况。
（7）设立子公司、分公司等情况。

劳务派遣单位设立的子公司或者分公司，应当向办理许可或者备案手续的人力资源和社会保障行政部门提交上一年度劳务派遣经营情况报告。

五、劳务派遣法律责任

1. 擅自经营的法律责任

任何单位和个人违反《中华人民共和国劳动合同法》（以下简称《劳动合同法》）的规定，未经许可，擅自经营劳务派遣业务的，由人力资源和社会保障行政部门责令停止违法行为，没收违法所得，并处违法所得1倍以上5倍以下的罚款；没有违法所得的，可以处5万元以下的罚款。

2. 违反劳务派遣规定的法律责任

劳务派遣单位违反《劳动合同法》有关劳务派遣规定的，由人力资源和社会保障行政部门责令限期改正；逾期不改正的，以每人5000元以上1万元以下的标准处以罚款，并吊销其"劳务派遣经营许可证"。

3. 违规取得行政许可的处罚

劳务派遣单位有下列情形之一的，由人力资源和社会保障行政部门处1万元以下的罚款；情节严重的，处 1 万元以上 3 万元以下的罚款。

（1）涂改、倒卖、出租、出借"劳务派遣经营许可证"，或者以其他形式非法转让"劳务派遣经营许可证"的。

（2）隐瞒真实情况或者提交虚假材料取得劳务派遣行政许可的。

（3）以欺骗、贿赂等不正当手段取得劳务派遣行政许可的。

 相关链接

《劳动合同法》中有关劳务派遣的规定

第五十七条　经营劳务派遣业务应当具备下列条件：

（一）注册资本不得少于人民币二百万元。

（二）有与开展业务相适应的固定的经营场所和设施。

（三）有符合法律、行政法规规定的劳务派遣管理制度。

（四）法律、行政法规规定的其他条件。

经营劳务派遣业务，应当向劳动行政部门依法申请行政许可；经许可的，依法办理相应的公司登记。未经许可，任何单位和个人不得经营劳务派遣业务。

第五十八条　劳务派遣单位是本法所称用人单位，应当履行用人单位对劳动者的义务。劳务派遣单位与被派遣劳动者订立的劳动合同，除应当载明本法第十七条规定的事项外，还应当载明被派遣劳动者的用工单位以及派遣期限、工作岗位等情况。

劳务派遣单位应当与被派遣劳动者订立两年以上的固定期限劳动合同，按月支付劳动报酬；被派遣劳动者在无工作期间，劳务派遣单位应当按照所在地人民政府规定的最低工资标准，向其按月支付报酬。

第五十九条　劳务派遣单位派遣劳动者应当与接受以劳务派遣形式用工的单位（以下称用工单位）订立劳务派遣协议。劳务派遣协议应当约定派遣岗位和人员数量、派遣期限、劳动报酬和社会保险费的数额与支付方式以及违反协议的责任。

用工单位应当根据工作岗位的实际需要与劳务派遣单位确定派遣期限，不得将连续用工期限分割订立数个短期劳务派遣协议。

第六十条　劳务派遣单位应当将劳务派遣协议的内容告知被派遣劳动者。

劳务派遣单位不得克扣用工单位按照劳务派遣协议支付给被派遣劳动者的劳动报酬。

劳务派遣单位和用工单位不得向被派遣劳动者收取费用。

第六十一条　劳务派遣单位跨地区派遣劳动者的，被派遣劳动者享有的劳动报酬和劳动条件，按照用工单位所在地的标准执行。

第六十二条　用工单位应当履行下列义务：

（一）执行国家劳动标准，提供相应的劳动条件和劳动保护；

（二）告知被派遣劳动者的工作要求和劳动报酬；

（三）支付加班费、绩效奖金，提供与工作岗位相关的福利待遇；

（四）对在岗被派遣劳动者进行工作岗位所必需的培训；

（五）连续用工的，实行正常的工资调整机制。

用工单位不得将被派遣劳动者再派遣到其他用人单位。

第六十三条　被派遣劳动者享有与用工单位的劳动者同工同酬的权利。用工单位应当按照同工同酬原则，对被派遣劳动者与本单位同类岗位的劳动者实行相同的劳动报酬分配办法。用工单位无同类岗位劳动者的，参照用工单位所在地相同或者相近岗位劳动者的劳动报酬确定。

劳务派遣单位与被派遣劳动者订立的劳动合同和与用工单位订立的劳务派遣协议，载明或者约定的向被派遣劳动者支付的劳动报酬应当符合前款规定。

第六十四条　被派遣劳动者有权在劳务派遣单位或者用工单位依法参加或者组织工会，维护自身的合法权益。

第六十五条　被派遣劳动者可以依照本法第三十六条、第三十八条的规定与劳务派遣单位解除劳动合同。

被派遣劳动者有本法第三十九条和第四十条第一项、第二项规定情形的，用工单位可以将劳动者退回劳务派遣单位，劳务派遣单位依照本法有关规定，可以与劳动者解除劳动合同。

第六十六条　劳动合同用工是我国的企业基本用工形式。劳务派遣用工是补充形式，只能在临时性、辅助性或者替代性的工作岗位上实施。

前款规定的临时性工作岗位是指存续时间不超过六个月的岗位；辅助性工作岗位是指为主营业务岗位提供服务的非主营业务岗位；替代性工作岗位是指用工单位的劳动者因脱产学习、休假等原因无法工作的一定期间内，可以由其他劳动者替代工作的岗位。

用工单位应当严格控制劳务派遣用工数量，不得超过其用工总量的一定比例，具体比例由国务院劳动行政部门规定。

第六十七条　用人单位不得设立劳务派遣单位向本单位或者所属单位派遣劳动者。

第二章
劳务派遣运营管理

第一节
组织架构设立

一、组织架构的设计

组织架构是劳务派遣单位管理体系的一个重要组成部分，是做好劳务派遣单位管理的必要条件，是确定管理模式的框架结构。

1. 组织架构的设计理念

组织架构是企业全体员工为实现企业目标，在工作中进行协作，在职务范围、责任、权力方面形成的架构体系。这个架构体系主要包括职能架构、层次架构、部门架构和职权架构。

组织架构设计的基本理念如图2-1所示。

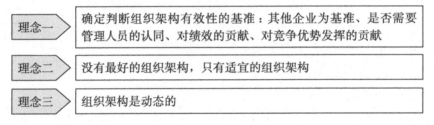

图2-1　组织架构的设计理念

2. 组织架构的设计原则

不同劳务派遣单位的组织状况各不相同，这主要是由劳务派遣单位的服务对象、规模、经营内容、管理者的观念等不同而导致的，然而劳务派遣单位组织的基本原则却是一致的。具体来说，劳务派遣单位组织架构设计应遵循图2-2所示的原则。

（1）符合经营目标的原则。劳务派遣单位的组织形式是为其经营目标服务的，也就是要通过合理的组织结构、富有效率的组织活动和科学的组织管理来实现预期的经营目标。

劳务派遣单位组织形式在管理机构方面，要形成合理的结构。劳务派遣单位设置要适合经营的需求，为经营目标服务，要合理设置，按需设置。设置必须明确其功能和作用、任务和内容、工作量是否充分以及与其他企业的关系等。

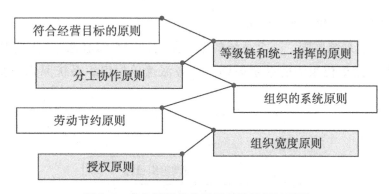

图 2-2　劳务派遣单位组织架构的设计原则

（2）等级链和统一指挥的原则。等级链是组织系统中处理上下关系的基本法则。等级链的含义是劳务派遣单位组织中从上到下形成各管理层次，从最高层次的管理者到最低层次的管理者之间组成一个链行结构，这个结构具有图 2-3 所示的特点。

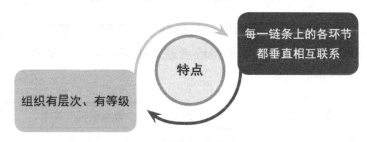

图 2-3　链行结构的特点

简单来说，等级链就是一条权力线，是发布命令、指挥控制、信息反馈的途径。等级链由图 2-4 所示的三条组织原则构成。

图 2-4　等级链原则的构成

（3）分工协作原则。社会化大分工要求我们进行分工与协作，分工作为专业化生产的基础，是指将一个复杂工作分解成若干个简单环节，把细分出来的环节分配给一些具体的人去操作。这种分工的优点在于将复杂的工作变得简单，使每个具体操作环节易于掌握，有助于服务效率和服务质量的提高。

分工越细，协作越困难；协作不好，分工再合理也不能取得很好的整体效益。为了保证劳务派遣单位的正常运营，劳务派遣单位通常会将加强协作作为各岗位必须履行的职责，纳入规范化管理的道路。

（4）组织的系统原则。一个系统的本质是它的"组织联系"。从组织联系出发，确定了劳务派遣单位组织的系统原则。劳务派遣单位组织系统原则包括图2-5所示的内容。

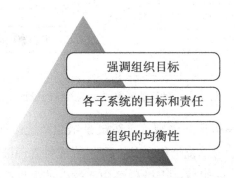

图2-5　劳务派遣单位组织系统原则

（5）劳动节约原则。劳动节约原则是指在劳动组织中尽量减少劳动的浪费，用计划来进行合理的劳动投入，以取得或者超过决策目标。劳动节约原则具体来说可以分为图2-6所示的四类。

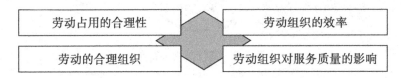

图2-6　劳动节约原则

（6）组织宽度原则。组织宽度是指一位管理者能够有效领导、监督、指挥直接的下属人数。一般来说，总经理的指挥宽度为3人，副总经理的指挥宽度为4人，部门经理的指挥宽度为6人，主管的指挥宽度为6人。以上的宽度指最大限度。

当然，各劳务派遣单位各级的组织宽度主要取决于其内部各相关因素。

（7）授权原则。对管理者授权是组织原则之一。当组织确定了各管理职位后，也应当同时确定该职位所拥有的权力，这就是授权。授权有两种形式，如图2-7所示。

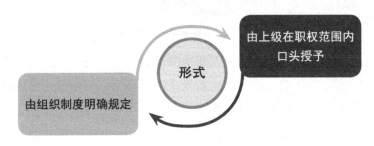

图2-7　授权的形式

权力和职位应该相称,这一点需要授权者把握,也需要用权者把握。授权是为了有效管理,管理是为了劳务派遣单位经营目标。权力绝不能成为牟取私利的手段,对权力要有制约。

3. 组织架构的设计步骤

组织架构是表明组织各部分排列顺序、空间位置、聚散状态、联系方式以及各要素之间相互关系的一种模式,是整个管理系统的"框架"。本着"市场-战略-结构"的原则,劳务派遣单位可以按图2-8所示的步骤进行组织架构设计。

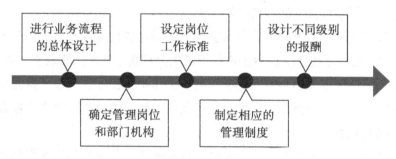

图2-8 劳务派遣单位组织架构的设计步骤

(1)进行业务流程的总体设计。首先要围绕劳务派遣单位的战略目标、市场定位和产品定位进行业务流程的总体设计,并使流程达到最优化,这是劳务派遣单位组织设计的出发点与归宿点,也是检验劳务派遣单位组织设计成功与否的根本标准。

(2)确定管理岗位和部门机构。即按照优化后的业务流程岗位,根据服务岗位数量和专业化分工的原则来确定管理岗位和部门机构。它们是组织结构的基本单位,可以用组织图来表示。

劳务派遣单位一般选择以层级管理为基础的业务区域制、直线职能制作为主要的组织架构方式。部门和管理岗位是为劳务派遣单位的经营管理目标服务的,它不是永恒不变的。经营管理目标变了,部门和管理岗位也应做出相应的变化,这也是人们常说的"因事设岗"。

(3)设定岗位工作标准。即要对每个岗位进行工作目标与工作任务分析,规定每个岗位的工作标准:职责、内容、作业程序。用"技术标准说明书""岗位说明书""项目核检表"等形式把这些内容固定下来。然后按照岗位工作的需要确定相应的人员编制,尤其要确定岗位所需要的人员的素质要求,因为其直接影响着工作效率与事业发展,这也就是人们常说的"因岗设人"。

> **小提示**
>
> 一旦某一岗位上管理者的素质和能力不再适应岗位要求，就应该让其他有更高素质和能力的人来承担其职责。在现实中，它要求管理者要做到"能上能下"。

（4）制定相应的管理制度。管理制度是对管理工作中的基本事项、要素关系、运作规程及其相应的联系方式进行原则性的规定。它对整个组织运作进行标准事宜、整体目标导向，并从根本上把劳务派遣单位作为一个整体的企业来加以塑造。如果说前面三个步骤制造了组织结构中单独的"标准件"的话，那么各项管理制度则是作为一个劳务派遣单位所不可缺少的"连接件"。

（5）设计不同级别的报酬。劳务派遣单位要规定各种岗位人员的职务工资和奖励级差，总的原则是根据各岗位在业务流程中的重要程度、对人员的素质与能力的要求、任务量轻重、劳动强度大小、技术复杂程度、工作难易程度、环境条件差异、管理水平高低、风险程度大小等指标，按等量投入获取等量收益的边际生产力原理来考虑各岗位人员的报酬差别。

报酬不是固定的，工作岗位、企业经济效益变了，各岗位相应的报酬也要做相应的调整，这就是人们常说的"酬金能高能低"。

 相关链接

常见的组织架构形式

1. 直线型组织架构

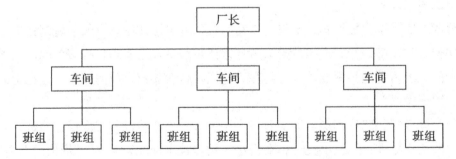

（1）特点：命令系统单一，直线传递，管理权力高度集中，实行一元化管理。

（2）优点：决策迅速，责任明确，指挥灵活，管理费用低。

（3）缺点：缺少专业分工，过于集权，领导负担较重。

（4）适用：规模较小、任务比较单一、人员较少的组织。

2. 职能型组织架构

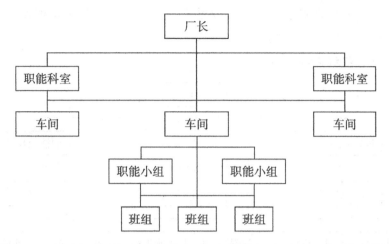

（1）特点：组织中设置若干职能专门化的机构，这些职能机构在自己的职责范围内，都有权向下发布命令和指示。

（2）优点：能够充分发挥职能机构的专业管理作用，并使直线经理人员摆脱琐碎的经济技术分析工作。

（3）缺点：多头领导，极大地违背了统一指挥原则；不利于培养全面管理人才。

（4）适用：任务较复杂的社会管理组织和生产技术复杂、各项管理工作需要具有专门知识的企业管理组织。

3. 直线职能型组织架构

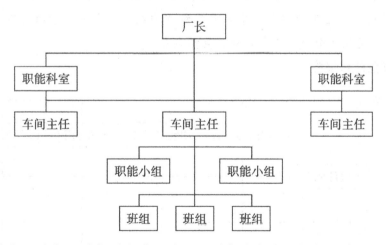

（1）特点：对直线型和职能型两种组织形式的综合。与直线型的区别是设置了职能机构；与职能型的区别在于，职能机构只是作为直线管理者的参谋和助手，而不具有向下直接进行指挥的权力。

（2）优点：保持了直线型的集中统一指挥，同时具有职能分工专业化的长处。稳定性较好，易发挥集团效率。

（3）缺点：职能部门之间横向联系较差、信息传递路线较长、适应环境变化差。

（4）适用：直线职能型是一种普遍适用的组织形式，我国大多数企业和一些非营利组织均采用这种组织形式。

4. 事业部型组织架构

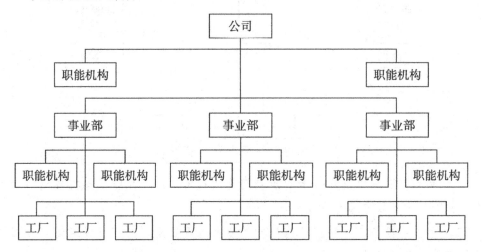

（1）特点：按地区或所经营的各种产品和事业来划分部门，各事业部独立核算，自负盈亏，适应性和稳定性强。

（2）优点：利于最高管理者摆脱日常事务而专心致力于组织的战略决策和长期规划，利于调动各事业部的积极性和主动性，利于公司对各事业部的绩效进行考评。

（3）缺点：资源重复配置，管理费用较高，事业部之间协作较差。

（4）适用：产品多样化和从事多元化经营的组织，也适用于面临市场环境复杂多变或所处地理位置分散的大型企业和巨型企业。

5. 矩阵型组织架构

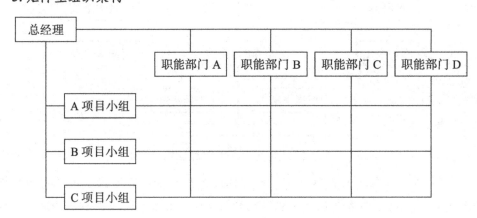

（1）特点：把按职能划分的部门与按产品、服务或工程项目划分的部门结合起来，是双道命令系统。可以说，矩阵结构是对统计指挥原则的一种有意识的违背。

（2）优点：灵活性和适应性较强，有利于加强各职能部门之间的协作和配合，并且有利于开发新技术、新产品和激发组织成员的创造性。

（3）缺点：组织结构稳定性较差，双重职权关系容易引起冲突，同时还可能导致项目经理过多、机构臃肿；成员位置不固定，有临时观念，有时责任心不够强。

（4）适用：科研、设计、规划项目等创新性较强的工作或单位。

4. 组织架构的设计要求

劳务派遣单位设计的组织架构要实用，要符合本企业的实际情况，要与整个企业的管理模式相适应。设计劳务派遣单位的组织结构时应考虑到图 2-9 所示的几个因素。

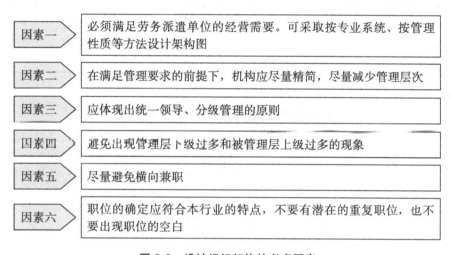

图 2-9　设计组织架构的考虑因素

下面提供两份不同劳务派遣公司组织架构图，仅供参考。

> **范本**
>
> ## ××劳务派遣公司组织架构图
>
> ××劳务派遣公司的组织架构包括部门结构和岗位的设置，其中部门结构有：总经理，下设副总经理，副总经理分别直接负责财务部、计算机部、客服部、商务咨询部、项目部、人力资源部、招聘部、市场部、培训部、法务部、雇员服务部等部门，如下图所示。主要设置的岗位有：部门经理，下设客户经理、办事专职人员、助理及文员。

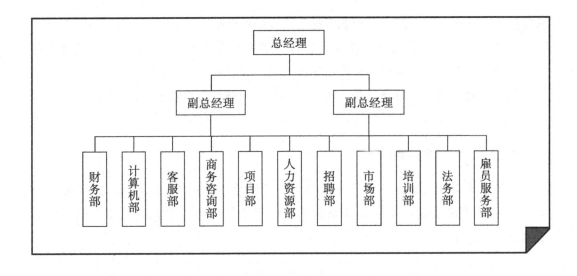

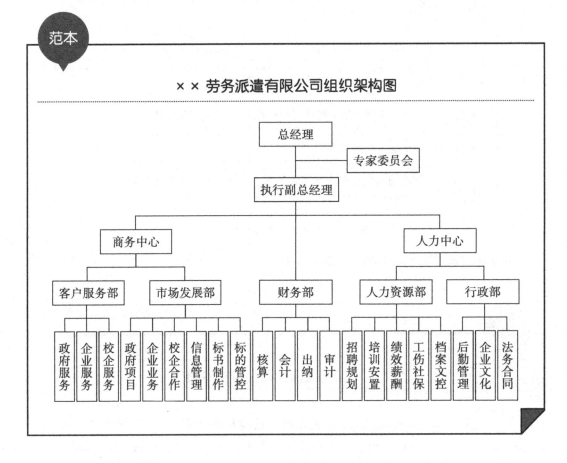

二、岗位设置

岗位设置须以管理科学的原理、所在行业和企业本身的特点、生产流程的特点以及职能部门的职能为依据，它体现企业的经营管理理念和整体管理水平，反映企业或部门机构的人员素质和生产技术水平等。

1. 岗位分析

岗位分析是指对某工作进行完整的描述或说明，以便为人员管理活动提供有关岗位方面的信息，从而进行一系列岗位信息的收集、分析和综合的人力资源管理的基础性活动，如图2-10所示。

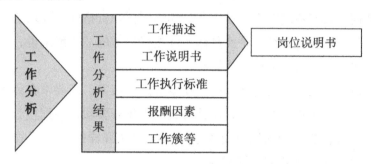

图 2-10　岗位分析的内涵

（1）岗位分析的目的。岗位分析主要是为了解决图2-11所示的几个问题。

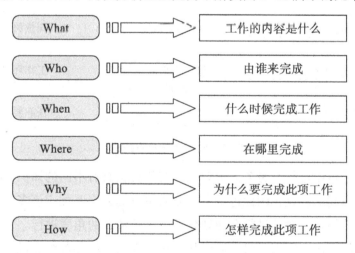

图 2-11　岗位分析的主要目的

（2）岗位分析的方法。岗位分析是一项复杂的系统工程，进行岗位工作分析，必须统筹规划，分阶段、按步骤地进行。进行岗位分析通常使用的方法如图2-12所示。

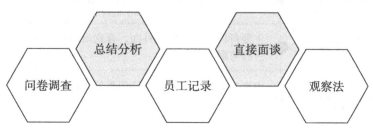

图 2-12　进行岗位分析的方法

有了岗位工作分析的结果以后，就可以着手制定岗位工作说明书了。

2. 人岗匹配

人岗匹配可以简单地理解为让适合的人在合适的岗位上做合适的事，从而使得"岗得其人，人适其岗"以及"人尽其才、物尽其用"。

不同的岗位需要不同的任职资格标准，而每个人的知识、技能、经验、素质也都千差万别，如何将具有不同特点的员工匹配到不同任职资格标准要求的岗位上，即做到人岗匹配，是需要管理者结合企业具体实际进行思考的。一般来说，劳务派遣单位可从以下两个角度进行人才的岗位匹配。

（1）从工作本身角度出发。从现有工作本身角度出发，即要求在劳务派遣单位进行工作分析，细化工作本身的职责，使其变成工作核心要项，根据核心要项来确定岗位的任职能力，以便更好地从岗位要求这个角度判断哪样的人会更适合此岗位，实现人岗匹配的第一步，即明确工作要求。

进行工作分析要注意从图2-13所示的六个方面进行，从而得到明确而细化的工作岗位职责。

图2-13　进行工作分析的要点

（2）从人的角度进行。劳务派遣单位现有的员工具有不同的知识、技能、经验和素质等，具有不同的特点，因此进行劳务派遣单位的人岗匹配应该多层次地、全面地了解现有人员的特点，对其进行合理划分，也就是从人的角度进行。

进行现有的人员合理划分时，可以从动机、性格、技能等维度进行考量，具体如图2-14所示。

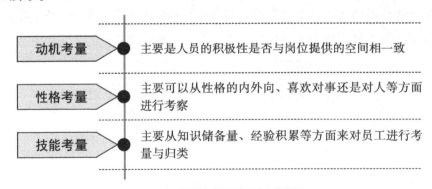

图2-14　对人员合理划分的考量维度

3. 定岗定编

定岗定编是确定岗位和确定岗位编制的合称，前者是设计组织中的承担具体工作的岗位，而后者是设计从事某个岗位的人数。但在实际工作中，这两者是密不可分的，当一个岗位被确定之后，就会自动有人的数量和质量的概念产生。

（1）定岗定编的原则。定岗定编应遵循图 2-15 所示的原则。

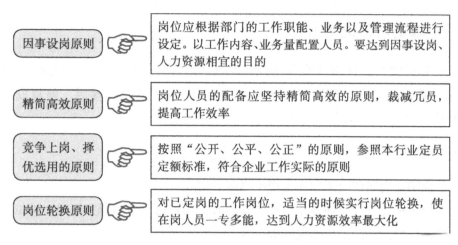

图 2-15　定岗定编的原则

（2）明确岗位工作内容。岗位是依据工作内容来设置的。一般来说，某一个工作目标需要一定的流程组合来实现。本书所论及的劳务派遣单位，是以吸引用工单位需求为输入对象、派遣员工为输出对象这一组合流程来实现的。为配合这一流程，需要各种工作组合来配置，这一系列的组合工作即岗位职责，如图 2-16 所示。

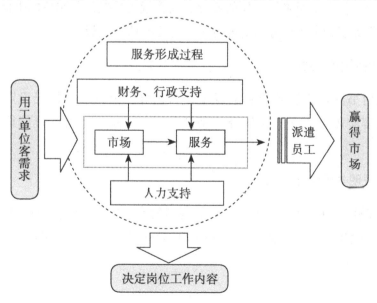

图 2-16　岗位工作内容形成过程

通过以上系统可以得知，服务实现的这一流程是由用工单位需求、市场（获取客户）、服务（为用工单位提供具体的劳动）、人力（招聘、培训、绩效、薪酬等支持）、财务（财务配置）、行政（行政后勤）几大分支环节来实现的。因此在各劳务派遣单位中可以看到，通常分为市场发展部、客户服务部、人力资源部、行政部、财务部等几个部门。

三、编制岗位说明书

岗位分析的直接目的是编写岗位说明书，即通过岗位分析，经过面谈、问卷、深入现场调查等方法，收集与岗位相关的信息，在汇总、处理后，整理成书面形式的文件。

1. 岗位说明书的构成

岗位说明书由岗位描述和岗位规范两部分构成。

（1）岗位描述。岗位描述指与工作内容有关的信息，包括职务概况、岗位工作目标、岗位工作特点、岗位工作关联等。

（2）岗位规范。岗位规范写明了岗位的任职资格。

比如，胜任该岗位的人员应该是本科生还是专科生，他应该有几年相关工作经验，他所具备的专业知识和技能是什么。

2. 岗位说明书的作用

岗位说明书使员工明确了工作的职责，向管理人员提供了岗位的书面信息，便于管理者对工作进度和工作目标的情况有一个对比参照的模板。

3. 岗位说明书的格式

岗位说明书的格式没有明确的规定，酒店可以根据自身情况设定，但是岗位说明书的内容必须建立在岗位调查的基础上，不经过调查就不可能得到岗位工作的全面信息。

4. 岗位说明书的修正

在实际工作当中，随着劳务派遣单位规模的不断扩大，岗位说明书在制定之后，还要在一定的时间内，有必要给予一定程度的修正和补充，以便与企业的实际发展状况保持同步。

> **小提示**
>
> 岗位说明书最好是根据劳务派遣单位的具体情况进行制定，而且在编制时，要注意文字简单明了，并使用浅显易懂的文字填写；内容要越具体越好，避免形式化、书面化。

下面提供一份××劳务派遣公司不同岗位说明书的范本，仅供参考。

范本

××劳务派遣公司岗位说明书

1. 人事经理岗位说明书

人事经理岗位说明书

部门	人事部	岗位	人事经理
直接上级	总经理	直接下级	招聘专员、培训专员、薪酬专员、人事文员
职位描述	（1）了解所支持研发部门的业务状况和团队运作状况，理解业务战略并促进人力资源战略在业务部门的有效实施 （2）针对业务团队情况，清晰胜任力素质模型，设计人员成长路径及人员培养方案，有效制订和实施人才发展计划并跟进实施 （3）为团队的发展提供支持，应用专业理论、方法、工具，为业务团队提供全方位解决方案，包括招聘、培训、绩效、员工关系等人力资源工作 （4）通过与管理层及员工的互动，建立有效和多样化的渠道，保证组织中信息的通畅，推动公司文化的建设和业务的高速发展 （5）参与制定集团层面人力资源全面解决方案			
任职要求	（1）本科以上学历，5年以上人力资源工作经验 （2）了解人力资源各模块的基本工作，并具备 TA、ER、CB、OCOD 等两个模块以上的实操经验，熟悉国家相关的人力资源政策、法律法规 （3）自我驱动，思考力强，认真负责，有亲和力，能适应公司快速发展的工作节奏			

2. 招聘专员岗位说明书

招聘专员岗位说明书

部门	人事部	岗位	招聘专员
直接上级	人事经理	直接下级	

续表

职位描述	（1）确定公司年度招聘计划以及预算，与部门沟通招聘需求，负责招聘工作 （2）选择并且维护招聘渠道，发布招聘广告 （3）组织、安排面试，并且进行人力资源初试 （4）进行薪资谈判、安排候选人入职以及安排体检 （5）候选人进入公司后，对试用期员工进行试用期沟通 （6）办理劳动关系中相关手续（报到，转正，调动，离职） （7）领导交办的其他事情
任职要求	具备强烈的责任感、事业心，优秀的沟通能力，耐心、细心，以及严谨的逻辑思维能力

3. 运营经理岗位说明书

运营经理岗位说明书

部门	市场部	岗位	运营经理
直接上级	总经理	直接下级	市场专员、市场文员
职位描述	（1）负责劳务派遣业务的市场拓展、销售运作 （2）建立完善劳务派遣的工作流程以及制度规范 （3）设置市场目标、市场模式、拓展计划 （4）建立和管理团队，并对团队成员和相关部门进行市场培训及指导 （5）分析业务渠道的市场潜力、市场数据和费用，掌握盈亏情况 （6）专注于维护和提高公司市场竞争力			
任职要求	（1）大专以上学历 （2）5年以上相关行业经历，具备劳务派遣、行政机关、企业和学校拓展资源者优先录用 （3）优秀的团队建设经验，团队管理能力，善于协调管理团队工作，具有从0～1的组建经验 （4）有敏锐的市场意识、应变能力、领导能力和独立开拓市场的能力 （5）具有强烈的进取心、事业心，身体健康，具有奉献精神和开拓精神			

4. 市场专员岗位说明书

市场专员岗位说明书

部门	市场部	岗位	市场专员
直接上级	市场经理	直接下级	
职位描述	（1）负责销售区域内的销售工作，与商户谈判并达成合作；独立完成销售指标，并能主动、独立解决工作中遇到的疑难 （2）开拓新市场，发展新客户，增加产品销售范围 （3）了解和发掘客户需求及购买愿望，介绍自己产品的优点和特色			
任职要求	大专以上学历，普通话标准，有1年以上的销售工作经验			

第二节 实行制度管理

一、制度管理的概念

制度管理就是用文字形式对各项管理工作和服务活动做出的规定，是加强企业管理的基础，是全体员工的行为准则，是企业进行有效经营活动必不可少的规范。

> **小提示**
> 管理制度由具有权威的管理部门制定，在其适用范围内具有强制约束力，一旦形成，不得随意修改和违规。

二、制度管理的作用

一个企业如果有一个良好的制度，能够解决企业内部的混乱问题。制定健全、适用的各项管理制度，可将企业内各项作业予以规范化、标准化，将给企业带来图2-17所示的积极意义。

1. 管理者和被管理者的行为有法可依、有章可遵、有规可循，保证了各项工作符合法律法规的要求

2. 各个部门、岗位和人员在每一项具体工作中的职责、权限以及相互关系都非常明了，从而使分工与协作更加顺畅

3. 管理者和被管理者有了共同的行为准则，各项工作有了必要的依据和尺度，从而督促管理者和被管理者在规定的范围内，按照规定的方法处理各自的工作，确保各项工作顺利进行

4. 为各种类型的具体工作确定一套优劣程度的标准，作为比较、衡量的尺度，作为考核与评价的标准，从而形成一个工作质量管理的有机整体，为质量管理提供制度保障

图2-17 企业管理制度化的作用

三、制定制度的基本原则

一个企业制定的制度必须是规范的，必须符合企业科学管理原理和企业行为涉及的每一个事物的发展规律和规则，没有规范的制度，就没有规范的制度执行过程。对于劳务派遣单位来说，制定的制度应遵循图 2-18 所示的四大基本原则。

图 2-18　制定制度的基本原则

1. 可操作性

制度的可操作性指在编制制度时应从业务实际需求和管理规律出发，以现有体系和制度为基础逐步地进行优化和完善，特别要注意的是，编制的制度不能脱离当前管理体系、人员素质、文化习惯来实施彻底式的变革，否则这样的制度不但很难具有可操作性，还有可能带来较大的管理风险。

2. 系统性

制度的系统性则是指在编制制度时要坚持全面、统一的原则，要从全局的角度出发，避免发生相互矛盾的情况，保证制度体系整体的协调顺畅。

3. 合法性

制度的合法性是指制度不能与法律法规发生冲突，否则就会缺少法律效力。

4. 平等性

制度的平等性则指编制的制度对各级管理层都应该一视同仁，不能因职位等方面的高低而有所区别，应坚持责任、权限、利益相一致的原则。权利与义务不均衡是推进规范化管理的大敌，不平等的制度必将引起内部的矛盾与冲突，影响企业正常工作的开展。

四、制定制度的步骤

规章制度要合法，除了主体、内容合法外，就是程序合法。一般制定规章制度的程序分为图 2-19 所示的四个步骤。

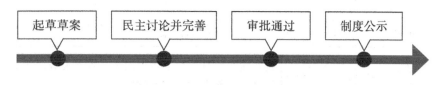

图 2-19　制定规章制度的步骤

1. 起草草案

部门根据业务需求,来决定是否制定新的制度。制度的制定不能想当然,制定前要广泛的征集意见或者深入调研。起草草案要先列框架、标注重点、列明和其他制度的关联性,有的还要考虑新制定制度与其他制度有冲突的地方如何解决;然后再完善内容,使语言严谨、合法、合理。

2. 民主讨论并完善

制定的规章制度要经过民主程序,劳务派遣单位在制定、修改或者决定有关劳动报酬、工作时间、休息休假、劳动安全卫生、保险福利、职工培训、劳动纪律以及劳动定额管理等直接涉及劳动者切身利益的规章制度或者重大事项时,应当经职工代表大会或者全体职工讨论,提出方案和意见,与工会或者职工代表平等协商确定。在规章制度和重大事项决定实施过程中,工会或者职工认为不适当的,有权向企业提出,通过协商予以修改完善。企业应当将直接涉及劳动者切身利益的规章制度和重大事项决定公示,或者告知劳动者。

3. 审批通过

会议上投票通过了制度最终稿,才能进入审批流程,按照公司内容的审批流程,经过逐级签字、加盖公章后公布执行。

4. 制度公示

制度经审批完成后,需要向员工公示,让员工知晓制度内容。制度公示方法如图 2-20 所示。

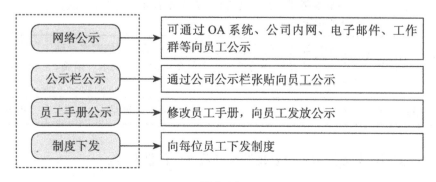

图 2-20

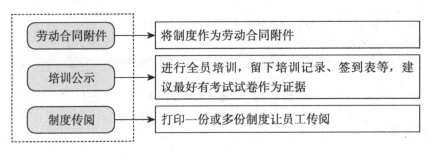

图 2-20　制度公示的方法

五、制度的组成

从一个具体的企业管理制度的内涵及着表现形式来讲，企业管理制度主要由以下内容组成。

（1）编制目的。
（2）适用范围。
（3）权责。
（4）定义。
（5）作业内容。包括作业流程图，及用 5W1H 对作业流程图的要逐项一进行说明。
（6）相关文件。
（7）使用表单。

劳务派遣单位在编写管理制度时，可以遵从如表 2-1 所示的要领。

表 2-1　管理制度内容编写要领

序号	项目	编写要求	备注
1	目的	简要叙述编制这份制度的目的	必备项目
2	范围	主要描述这份制度所包含的作业深度和广度	必备项目
3	权责	列举本制度和涉及的主要部门或人员的职责和权限	可有可无
4	定义	列举本制度内容中提到的一些专业名称、英文缩写或非公认的特殊事项	可有可无
5	管理规定	这是整篇文件的核心部分。用 5W1H 的方式依顺序详细说明每一步骤涉及的组织、人员及活动等的要求、措施、方法	必备项目
6	相关文件	将制度中提及的或引用的文件或资料一一列举	可有可无

下面提供两份劳务派遣公司管理制度的范本，仅供参考。

范本

××劳务派遣公司管理制度

公司的宗旨是：发展劳务派遣和劳动就业事业，以人为本，承担社会责任。通过开展面向社会和企业的劳务派遣活动和就业服务，发挥劳动者与用人单位之间的纽带和桥梁作用，维护劳动者和用人单位、其他组织的合法权益，保障劳动力市场和劳务派遣活动的顺利进行，促进社会充分就业。

为加强公司的规范化管理，完善各项工作制度，促进公司发展壮大，提高经济效益，根据国家有关法律、法规及公司章程的规定，特制定本管理制度。

第一章 组织机构

第一条 公司各项劳务派遣活动依法进行，遵循诚信、真实、合法、公平的原则，并自觉接受劳动保障行政部门和工商行政管理部门的监督、指导及管理，同时自主经营、自负盈亏。

第二条 公司实行总经理负责制，根据《公司章程》任命总经理。

根据实际业务需要可设监事一人，并设置财务部、综合事务管理部负责相应事务，各部门设置负责人一人。

第三条 由总经理提名各部门负责人。

第四条 公司实行事务会议制度，主要研究处理业务活动和行政管理中的重大事务性问题。公司事务会议由总经理召集各主管领导参加，至少每月召开一次。

第二章 人事与劳动管理

第五条 公司员工一律实行聘用制，聘用人员由综合事务部按人员需求择优选用报总经理批准。

第六条 聘用人员应当依法签订劳动合同，并建立信息档案。

第七条 专业技术人员必须具备职业资格并取得有效执业证件。

根据业务发展需要可聘用符合条件的兼职管理或劳务人员。兼职人员除工作时间较灵活外，应视同全职员工管理。

第八条 员工享有《中华人民共和国劳动法》规定的权利，并应当履行相应的责任及义务。

第九条 公司对聘用人员进行年度考核。考核合格者在聘用期满后可以续聘，不合格者不予续聘。

第十条 有下列情形之一者，经公司会议决定可以解聘或辞退。

（一）因故意或过失造成错误，严重损害本公司声誉的。

（二）有渎职、失职行为，使公司蒙受较大经济损失的。

（三）因违法乱纪或者不履行员工义务受司法机关或公司处分或惩戒的。

（四）不服从管理，无正当理由不履行职责或者不能胜任本职工作，又不服从公司安排的其他岗位的。

（五）违法犯罪被追究法律责任或者被采取强制措施的。

（六）有聘用合同中约定的其他解聘或辞退情形的。

第十一条　公司聘用的员工实行效益奖励工资（或者其他的工资形式），其中行政辅助人员采取岗位定额工资形式。公司根据经济效益的情况和个人的工作实绩、业务水平、遵守职业道德和执业纪律等情况可以适当发放奖金。对工作失误可采取一定的工资惩罚措施。具体额度由总经理审批决定。

第十二条　聘用人员按照国家以及地方的社会保障政策和规定办理社会保险等。对于已缴纳社会保险的兼职人员，可根据其实际情况和个人意愿决定是否为其缴纳社会保险。

第十三条　公司人员依法应当缴纳的个人所得税和各项社会保险、住房公积金等的，由本公司依法代扣代缴。

第十四条　为确保安全生产和提高员工素质，定期对员工进行应有的安全教育和专业培训，并另行制定较详细的安全管理规定。

第三章　财务与资产管理

第十五条　建立相应的财务制度，采用并遵守企业会计准则，开设银行账户，建立账目和会计科目，选聘合格财会人员，规范管理财务收支。

第十六条　按照年度进行财务决算，决算情况提交总经理办公会审议。公司的财务管理情况受主管部门、资格认定机关和审计部门的监督与审计。

第十七条　公司统一收取的费用一律入账，公司的收入主要用于下列开支。

（一）劳务派遣业务活动的成本性支出。

（二）人员的工资、参加的社会保险费用和奖金、福利。

（三）仪器设备等固定资产的更新、投入。

（四）交纳税费。

（五）其他业务活动的正常支出。

（六）利润分配。

第十八条　公司的各项开支，均应有合法的凭据，经部门确认、总经理批准后方可报销。

第十九条　公司的资产由公司所有，任何个人不得挪用、转移和私分，非法性的摊派应予拒绝。公司采取积极的措施和办法，保证公司资产的保值。

第四章　劳务派遣管理

第二十条　公司进行劳务派遣，应与用人单位签订劳务派遣协议。

协议中应明确劳务期限、劳务收入、工伤事故处理及双方的权利、义务、责任。

第二十一条　按照用人单位的用工条件组织招工，经考核合格后，与派遣员工签订劳动合同或劳务协议。用人单位应按照有关政策规定或协议约定，保证派遣员工在合同期限内的就业岗位和工资、福利、社会保险等待遇。

第二十二条　对劳动者以及用人单位或者其他组织用工、劳务承包、聘用委托，由本公司按规定受理，依法收取有偿服务费用。工作人员或其他人员不得私自接受委托，不得私自收取费用，更不得超标准收费。

第二十三条　用人单位按照劳务派遣协议向公司划拨工资、社会保险费、工资总额5%的工伤保险和服务费用；公司按月发放派遣员工的工资和缴纳有关社会保险费。双方均不得拖欠员工工资。

第二十四条　公司按照用人单位的要求，依法决定与派遣员工劳动关系的解除、终止或者接续变更。

第二十五条　公司应当协助用人单位加强安全生产管理和对派遣员工的安全生产教育。用人单位应为员工提供与工种相应的劳动保护措施，并负责现场的安全管理。

第二十六条　用人单位使用派遣员工的，应在劳动条件、强度、工时等方面与本单位同岗位职工同工同酬，用人单位不得向派遣员工收取押金，不得扣留有关身份证件。

第二十七条　需要对派遣员工进行岗位技能、管理知识培训的，用人单位应当事先与公司和派遣员工协商约定培训期限、培训期待遇和培训费用分担办法。

第二十八条　公司员工在劳务派遣期间发生工伤的，用人单位应在第一时间组织救助，并将实际情况通知本公司，依照相关法规协同公司为员工办理工伤索赔等善后事宜。

第五章　附则

第二十九条　本制度至公司核准登记之日起生效。

××劳务派遣公司员工管理制度

为了增强公司依法管理的规范性和派遣员工遵纪守法的自觉性,给用工单位提供优质、高效的人力资源专业服务,维护用工单位、派遣员工和公司三方利益,根据《中华人民共和国劳动法》《中华人民共和国劳动合同法》《中华人民共和国劳动合同法实施条例》等国家及××市相关法律法规规定,结合公司实际,制定本管理规定。

第一条　公司、用工单位和派遣员工必须遵守国家法律、法规,遵守劳动合同和劳务派遣协议的约定。派遣员工应遵守公司及用工单位的劳动纪律和各项规章制度,认真履行工作职责。

第二条　派遣员工与公司签订劳动合同应经用工单位确认,用工单位应遵守《劳务派遣合作协议》约定,告知派遣员工与公司建立劳动合同关系,签订劳动合同,实行劳务派遣用工形式。

第三条　签订或续订劳动合同时,用工单位应开具《签订/续订劳动合同通知函》给派遣员工,派遣员工持《签订/续订劳动合同通知函》于5个工作日内到公司相关部门办理签订手续。

第四条　用工单位与派遣员工协商一致,可以对劳动合同内容进行变更。

第五条　变更劳动合同时,用工单位应开具《变更劳动合同通知函》给派遣员工,派遣员工持《变更劳动合同通知函》于5个工作日内直接到公司办理劳动合同变更手续。

第六条　经用工单位与派遣员工双方协商一致,可以解除劳动合同。劳动合同的解除条件、程序,按照法律法规规定以及派遣员工与公司签订的《劳动合同》约定执行。

第七条　劳动合同终止的法定条件出现时,派遣员工与公司签订的劳动合同依法终止。

第八条　派遣员工在被派遣至用工单位工作前,应认真阅读公司的《告知书》,并忠实履行自己的义务。

第九条　派遣员工在用工单位工作期间,必须遵守国家和××市有关劳动法法律法规规定及用工单位依法制定的各项规章制度,服从用工单位的指挥、管理和调度。

第十条　派遣员工享有用工单位按国家规定的福利、学习、休息休假等待遇和民主政治的评先评优等权利。

第十一条　派遣员工在社会上出现刑事案件，所有责任由派遣员工自行承担，公司不承任何法律和经济责任。

第十二条　派遣员工的劳务费（工资）及其他福利待遇，由用工单位确定（月薪不得低于××市最低工资标准）。社会保险需按派遣员工工资足额缴交。被派遣员工工资由本公司按照用工单位提供的业绩考核情况登记表（或工资表）为其支付。

第十三条　派遣员工工资的支付办法：根据《劳务派遣协议》的规定，用工方按月考核派遣员工工作，确定派遣员工应发放的工资总额，本公司扣除代缴的派遣员工本人应交的各类社保，确定实发金额，并及时发给派遣员工本人。

第十四条　派遣员工如有生育、工伤和医疗等情况发生，应及时通知并提供相关材料给用工单位，由用工单位统一转交本公司办理相关手续，按照国家相关法律法规享受待遇。

第十五条　社会保险的办理。公司及时为派遣员工缴纳各项社会保险，派遣员工与公司解除劳动合同后，公司按国家规定，及时办理相关的减员手续。

第十六条　社会保险的费率如有变动，按国家和当地政府有关法律、法规执行。

第十七条　派遣员工在用工单位的工作期间，执行用工单位依法制定的工时工作制度。

第十八条　派遣员工因岗位变动后，按用工单位新岗位的工时工作制度执行。

第十九条　实行标准工时工作制度的，用工单位安排派遣员工延长工作的时间，应按《中华人民共和国劳动法》及《中华人民共和国劳动合同法》的相关规定执行。

第二十条　派遣员工休息和休假按用工单位依法制定的有关规定执行。

第二十一条　其他未尽事宜，将另行规定。

六、制度的实施

制定制度的目的是实施制度，使制度作为管理的一部分而为组织目标服务。劳务派遣单位制定制度固然不易，但执行制度难度更大。制度实施也是劳务派遣单位组织管理的一个重要内容。

1. 制度实施的组织保证

制度实施的组织保证是指能使制度贯彻执行的客观条件和环境条件，如图 2-21 所示。

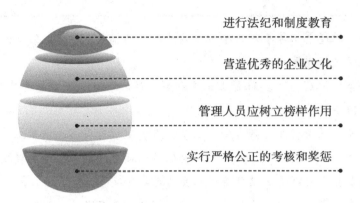

图 2-21　制度实施的组织保证

（1）进行法纪和制度教育。劳务派遣单位要坚持不懈地对全体员工进行法纪和制度观念教育。通过各种形式向员工灌输和培养规范意识及制度观念，使员工对法纪、制度有一个深刻全面的认识，牢固树立法纪、制度意识，并把这种意识作为自我约束的动机，自觉规范自己的行为。

> **小提示**
>
> 劳务派遣单位可通过宣传、组织学习来提高员工的规范化管理意识，一个人只有意识提高了，观念改变了，才会改变自己的行为，从而改变自己。

（2）营造优秀的企业文化。企业文化要塑造全体员工的价值观念、共同信念和行为准则。企业文化对实施制度有两方面的作用，如图 2-22 所示。

优秀的企业文化能使员工在良好风气的熏陶中不断得到优化和激励，使企业形成一种浓厚的自觉执行制度的氛围，使井然有序和遵章守纪蔚然成风	作用一	企业文化对组织行为的影响，能使非正式组织的群体行为和执行制度的组织要求相吻合，从而产生执行制度的群体行为
	作用二	

图 2-22　企业文化对实施制度的作用

（3）管理人员应树立榜样作用。管理人员的一言一行是员工争先竞仿的对象，对员工有着非常大的影响，因此管理人员能做好自身形象，带头执行好各项制度，对员工会产生一种潜移默化的积极影响；反之，如果管理人员不注重自身形象或带头违反制度，就极有可能导致整个部门制度执行力的下降，就极有可能产生较差的管理局面和结果。

（4）实行严格公正的考核和奖惩。制定了制度，劳务派遣单位要对制度执行情况进行检查考核。劳务派遣单位的管理系统就是制度执行情况的检查考核系统。保证制度实施的重要组织手段如图 2-23 所示。

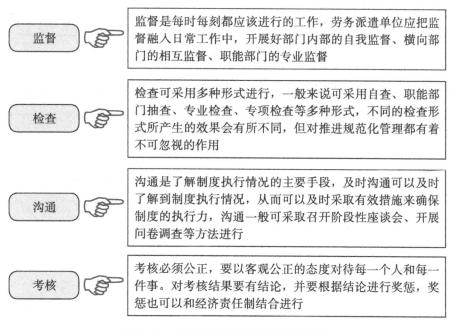

图 2-23　保证制度实施的重要组织手段

2. 制度实施的主观条件

制度实施的主观条件是指制度执行者的自身条件，主要包括图 2-24 所示的两个方面。

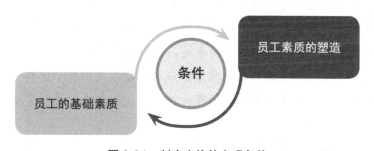

图 2-24　制度实施的主观条件

（1）员工的基础素质。劳务派遣单位在招收员工时应确定员工基础素质标准。基础素质好的员工较易于塑造，也就具备了执行制度的原始素质。

比如，职业院校的学生、应届毕业生、在良好环境中成长的年轻人等，这些群体的基础素质一般比较好，可成为劳务派遣单位员工的主要来源。

（2）员工素质的塑造。素质塑造是一个艰苦的过程，可通过图 2-25 所示的两个途径来实现。

```
要通过培训、通过企业文     途径一     要引导员工进行自我塑造
化、通过实践锻炼培养和                和自我提高
塑造员工的综合素质         途径二
```

图 2-25　素质塑造的途径

经过内、外因的共同作用，使员工对执行制度从外界制约升华到自觉要求，这样劳务派遣单位制度的实施才有可靠的保证。

 相关链接

如何提升企业制度执行力

任何企业在规范化的管理过程中，都会强调制度建设在管理中的重要性，因而也会加强制度建设方面的力量。

但制度制定后如何保证有效的执行，如何将制度深入员工心中，是企业管理的一大难题。

1. 制度需要更加科学合理

科学、合理、有效的制度是协调人与人之间关系的有效手段，也是管理的有效手段。所以企业制度不在于多，在于科学、规范，在于能够被更好地遵守执行。

比如，三个人要分一块金币，如果由第一个人切金币并且又先挑金币，尽管你对切金币的人进行反复的思想道德教育，也很难保证他真正做到公平公正。如果我们从制度上这样规定，可以由第一个切金币，但是必须让其他两个人先挑。他一定会想尽一切办法尽量做到平均，因为一旦分得不均，吃亏的是他自己。

检讨一下平常的工作方法，往往就像第一种分金币法热衷于把精力过多地放在空洞的说教和指示上，对制度本身的缺陷却关注甚少，而这恰恰是制度难以真正落实的重要原因。

2. 制度的制定程序要规范

企业建立的各项规章制度是直接面对广大企业员工，这些制度都关系到他们的切身利益和经济效益，制度的发布更应规范、透明。应遵循以下程序。

（1）企业基层管理人员、专业管理人员、技术人员、岗位操作人员共同制定制度初稿。

（2）基层管理部门初审并修改。

（3）专业管理部门审核并签署修改意见。

（4）根据两级管理部门提出的修改意见修改初稿。

（5）基层管理人员将修改后的制度报专业管理部门审批。

（6）企业高级管理层审查，签署审批意见后的制度发布执行。

只有按照规范的程序所制定规范的制度，才能规范各项管理工作，才能保护企业员工的切身利益，才能避免以上各种问题的出现和发生。

3. 制度的内容要量化

管理是一门通过别人完成任务的艺术。管理者水平的高低，不在于能否让高素质的员工把事情办好，更重要的是让素质一般的员工把工作做好，让每一位员工在执行同一项命令时，能够按照管理者的意识，把工作保质、保量、按时完成好。这里所说的"保质、保量、按时"就是一个量化管理的概念。

在制定制度的时候，制度的内容就要量化，要让企业员工知道去做什么，到哪做，什么时间做，怎么做或做到什么程度。这些内容都要在制度里明确量化，这样才能让企业的每一位员工知道工作怎么干，工作标准是什么。这样才能提高制度的执行力。

有的员工认为企业内部管理制度定得太多，不利于员工个性的发展和创造性的发挥。企业十分赞赏有个性、有创造性特点的员工，企业的发展也需要许许多多有个性、有创造性特点的员工，这样企业才能健康地发展。

但任何个性和创造性都必须有利于企业整体的利益，否则其个性越强，创造力越强，对企业利益的损害就越大。所以对于企业的所有员工，必须有一套完整的、科学的制度来约束每一个人，只要你是企业的员工，你就必须接受，而且必须按现有制度来执行、来约束自己的行为。

这也就是说，在制度面前人人平等，没有制度不管的人。制度的执行标准都一样，这也是提高制度执行力的一个保障。

有了好的制度还要有规范的执行者，人的因素不可忽略，毕竟制度的执行、考核还是要由执行制度的人来完成，所以制度的执行者要"一碗水端平"，保证制度执行公平公正，才能真正提高制度的执行力。

4. 制度的考核要严格

如何提高一个企业的整体管理水平，不是只有完善的制度就行了，还要有严格的考核，管理制度一经公布，就对企业组织内部任何人都具有约束力，人人都要严格遵守执行，领导也不例外。只有领导以身作则，一旦有违反行为，同样接受处罚，坚决不搞特殊化，这样才能形成良好的企业氛围，制度建设才能真正地贯彻实施与有效，企业的管理水平才能真正提高。

5. 制度的修改要及时

有两个著名的管理学定律——酒与污水定律和木桶定律。

酒与污水定律是指把一匙酒倒进一桶污水中，得到的是一桶污水；如果把一匙污水倒进一桶酒中，得到的还是一桶污水。

木桶定律是指一个木桶能装多少水，取决于它最短的那块木板。任何一个组织都可能面临一个共同的问题，即构成组织的各个部分优劣不齐，而优势部分决定整个组织的水平。

污水和短木板就好比果箱里的烂苹果，如果不及时处理，它会迅速传染，导致箱里其他苹果也腐烂，烂苹果的可怕之处，在于它惊人的破坏力。

企业的制度建设需要不断地修改和完善，否则污水和短木板就会成为阻碍工作的瓶颈，妨碍企业的发展。制度不是一成不变的，要根据企业的发展及生产环境的变化不断地修订、完善各项制度。制度的修订要注意及时和定期。

总结一个阶段的工作时，就要对工作过程中发现的和检查考核中发现的问题及时进行处理，如果是执行力不够就要加强考核力度；如果是制度有缺陷、不完善，就要组织有关人员修订、完善制度，这就是制度的定期修订。

科学、统一、规范的企业管理制度，可以大大提高企业的管理效力与决策能力，提高企业的竞争能力与生存能力。

只有加强制度建设，克服企业制度在制定和实施过程中的难题，提高制度执行力，才能培养融洽、有序的工作环境，促使企业的健康发展与不断壮大。

第三节 完善客户管理

一、细化客户需求分析

用工单位的需求是劳务派遣单位开展业务活动的前提，对需求的细致分析是确保派遣服务质量及经济效果的保证。

需求分析就是劳务派遣单位业务员要通过与目标客户联系交流，对用工单位派遣需求的原因、范围、特征、数量、期限等进行详细确认。其中，受业务特征的影响，对于需求分析要重点突出图2-26所示的两方面内容。

 比如有的派遣意向单位内部劳动关系混乱，劳资纠纷不断，选择劳务派遣用工形式并不是考虑派遣对于提升内部人力资源管理的作用，而纯粹是"打政策的擦边球"，将由内部混乱的劳动关系带来的法律风险通过劳务派遣转移到劳务派遣单位。对于这类本身内部不规范的用工单位要慎重为其提供派遣服务

 比如有的岗位属于物流驾驶员职位，这些驾驶员长年累月在外地跑运输，有一定的危险性，一旦发生工伤，认定和报销手续较复杂，对于这类岗位同样要审慎决定是否给予派遣

图 2-26　细化客户需求应重点关注的内容

二、全面评估客户资质

劳务派遣单位要通过建立有效的客户资信收集渠道和管理方式来全面评估客户资质，以获得全面真实的客户信息。劳务派遣单位可以通过图 2-27 所示的流程来做好客户的资信管理工作。

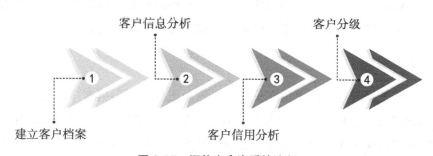

图 2-27　评估客户资质的流程

1. 建立客户档案

劳务派遣单位的业务员在接洽潜在客户后应立即收集相关信息并制成客户档案，应包括表 2-2 所示的内容。

表 2-2　客户档案应包括的内容

序号	内容	具体说明
1	基础原始资料	客户名称、注册地址、单位地址、电话、主要负责人及其人格特征、员工人数、联系人、资产总额、负债、经营地是否自有物业等
2	客户特征	企业规模、发展前景、经营理念、行业地位、企业形象声誉、竞争优势等，是否属于政策鼓励行业，是否享受政府优惠政策扶持等

续表

序号	内容	具体说明
3	劳动关系管理	拟派遣岗位所在员工整体情况分析、劳动争议次数、被劳动监察次数、劳动仲裁次数、劳动保障制度是否符合法律规定等

> **小提示**
> 客户档案要注重动态管理,随着客户情况发生变化,相关信息要立即给予更新。

2. 客户信息分析

劳务派遣单位对客户信息进行分析,可以较好地了解客户需要,有效地评估客户价值,从而有针对性地为客户制订相应的劳务派遣计划,进而提高客户满意度与企业自身的利润。

3. 客户信用分析

客户信用分析是以客户信息为基础,对客户资信状况和交易价值进行科学的诊断。客户信用分析有利于劳务派遣单位适当地选择合作的对象,确定合理的合作方式和条件,是进行客户管理的重要依据,也是客户信用管理的核心内容。

4. 客户分级

客户分级是指劳务派遣单位在价格、销售、服务方面根据客户的价值不同对客户实行差别化待遇,提供个性化服务等。客户分级一般分为两类:"面向已有客户"的客户分级和"面向潜在客户"的客户分级,具体如表2-3所示。

表2-3 客户分级

序号	分类	分级目的
1	"面向已有客户"的客户分级	提高客户满意度、忠诚度
2	"面向潜在客户"的客户分级	提高成交概率,保证销售资源利用率、完成销售目标

对于劳务派遣单位来说,可根据是否属于政府扶持对象、内部劳资关系、企业性质、行业地位、销售增速、人均利润等因素,设定分级等级。

三、加强客户应收款管理

应收款几乎是所有企业普遍存在的现象，但是应收款的数额大小却关系到企业的正常经营，如果应收款过多，既要增加成本，又要加大风险。

劳务派遣单位的应收款的构成有别于其他服务型企业，应收款构成主要是为客户垫付的相关法定应缴费用和工资，真正的派遣管理服务费收入只是占一小部分。

对于应收款的管理可以结合派遣业务开展实施的三个流程阶段采取如表2-4所示的措施。

表2-4 应收款管理

序号	流程阶段	管理措施
1	派遣前期	原则上不为客户垫付任何费用，在双方的派遣协议中应明确付款时间及违约责任，但可以根据客户信用资质设定一定期限的缓冲期。对于政府机关事业单位等属于财政拨款的客户单位可以采取一定的赊销策略
2	派遣执行期	在服务合同履行过程期间，对客户实施严格的风险跟踪，及时发现问题并采取相应措施。财务部通过编制客户付费情况表及时跟踪回款情况，对逾期的应收款应及时告知业务员，由业务员负责催收
3	派遣结束后	对于客户一再拖欠费用，金额较大的，可以终止合作，列出客户应收款项详情，并加收逾期利息，以减少资金成本。同时，相关派遣员工应依据协议退出派遣单位，由该客户直接用工

第三章
劳务派遣员工管理

第一节
派遣员工招聘管理

一、明确招聘需求

首先，劳务派遣单位要与用工单位人力资源部相关负责人商讨，详细了解招聘岗位及职责说明、招聘要求、工资标准及其他配套待遇等信息。

其次，劳务派遣单位要根据上述条件和用工单位背景与文化进行目标分析，从而明确用工单位对人才的真正需求。

如表 3-1 所示为某劳务派遣人员招聘岗位信息。

表 3-1 某劳务派遣人员招聘岗位信息

岗位	数量/人	岗位要求	岗位职责
重力操作员	1	能熟练操作重力仪，能适应长期野外工作	重力操作
科研辅助	1	本科以上学历，能熟练应用 Office 系统及相关办公软件，可出差和参加野外工作	样品分析数据处理工作，同时兼做样品处理、资料整理
野外仪器操作员	1	具有仪器野外操作工作经历，能适应长期野外工作	仪器野外操作及室内数据处理
科研辅助	1	熟练掌握焊接技术，有经验者优先	电路板焊接、仪器装配及其他日常辅助工作
器皿洗涤	3	责任心强，吃苦耐劳	器皿洗涤、称样及其他辅助性工作

> **小提示**
>
> 劳务派遣单位根据用工单位的用人需求，从企业的人力资源寻访网络中确定最佳的组织渠道及集聚方式，从而保证招聘派遣人员的"数量"和"质量"。

二、选择招聘渠道

招聘渠道的选择应在明确具体目标的前提下，广泛收集和了解招聘岗位的供求情

况，从招聘成本、质量及时间性等几个方面综合考虑后，确定选择适合的招聘渠道。好的招聘渠道应该具备图3-1所示的三个特征。

目的性	即招聘渠道的选择是否能达到招聘的要求和效果
经济性	指在招聘到合适人员情况下所花费成本是否最小
可行性	指选择招聘渠道是否符合现实情况，具有可操作性

图3-1　好的招聘渠道应该具备的特征

常见的招聘渠道主要有网络招聘、校园招聘、现场招聘、委托猎头公司招聘、内部员工推荐、圈子招聘等。

三、发布招聘广告

招聘广告主要指用来公布招聘信息的广告。如图3-2所示的是××劳务派遣公司发布的网络招聘信息。

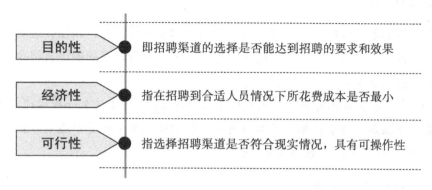

图3-2　招聘广告示意

一般来讲，招聘广告主要是写给求职者看的，主要由公司名称、企业简介、岗位名称、招聘名额、职位描述、职位要求、联系方式等内容组成。

1.在显眼位置标明企业标志和广告性质

招聘广告设计的最基本要求是让阅读者一眼就可以看出这是什么广告，不会与其他广告混同。因此，应在广告的显眼位置注明广告的性质。

比如，就报纸广告而言，最显眼的位置应该是左上角，其次是左边，称为"金角""银边"，这与汉字从左至右的排版习惯有关。在"金角""银边"的位置，应该印上招聘单位的名称和企业标志,并以大号字体注明"诚聘"或"聘"的字样。

2. 企业性质简介

招聘广告的第一段应该写清楚企业性质及经营业务等情况,以便让应聘者对招聘企业有一个初步的了解。不应文字过多、喧宾夺主,而应以简约的语言将企业最吸引应聘者的信息表达出来。

比如,有一家企业在简要介绍完自己企业的情况后,加上这么一段话:"在本公司,你不必有以下顾虑:论资排辈;唯学历论;发展空间狭窄;嫉贤妒能;分配封顶;缺乏培训机会。"这就是一个颇为成功的设计。

3. 主要职责和任职要求

招聘广告要发布的最重要的信息之一是有关空缺职位的"主要职责"和"任职要求"的信息。"主要职责"告诉应聘者这个职位要做什么,"任职要求"告诉应聘者应聘该职位要具备什么条件。当然,这里不需要将该职位的"工作说明书"中的相关条款全部照搬下来,但至少要参考其中的主要条款并以简要的语言注明。

4. 申请资料要求和联系方式

招聘广告的最后部分,要向读者说明投寄申请资料的要求和联系方式。如"有意者请于某月某日前将详细的学习和工作简历、有关学历证书和身份证复印件、免冠近照、要求薪金、联络地址和电话寄至……"。

可以要求应聘者提出薪金要求,这是有关应聘者的重要信息。招聘企业提供的联系方式可以有三种:通信地址、电子邮件和传真。对于招聘工作量大的企业,可以不提供电话,以免增加人力资源部的人力成本。

除此之外,在招聘广告的内容设计中,关于是否还需要添加其他项目,如企业文化情况、食宿条件、培训情况等,可视招聘企业的具体情况和广告篇幅而定。但要注意根据具体情况突出重点,避免面面俱到。

下面提供一份关于公开招聘劳务派遣人员的公告,仅供参考。

范本

关于公开招聘劳务派遣人员的公告

因工作需要,本公司现为××县市场监督管理局公开招聘劳务派遣人员,从事基层辅助执法和窗口岗位工作,现将有关事项公告如下。

一、招聘职位

基层协管员8名(6男2女)。

二、招聘条件

1. 思想品质好,具有良好的职业道德和团队意识,爱岗敬业,诚实守信,无违法犯罪等不良记录,个人签具无不良记录承诺书。

2. 身体健康,五官端正。

3. 具有大专(含大专)以上学历。

4. 具备与岗位相适应的工作能力,能熟练操作计算机。

5. 年龄截至报名日年满22周岁(含)以上,40周岁(含)以下。

6. 能服从管理,遵守劳务派遣公司和被派遣单位的各项规章制度。

7. 有下列情况之一的,不得参加公开招聘。

(1) 受过刑事处罚、劳动教养的。

(2) 有犯罪嫌疑尚未查清的。

(3) 受过党内严重警告及以上处分或行政记大过及以上处分未过处分期的。

(4) 其他不符合招聘资格条件的。

三、报名时间

报名时间:××××年×月××日～××××年×月××日。

四、报名方式

请报名人员添加××人力微信号××××××××××××,并将个人简历发送至微信或邮箱×××××@qq.com,同时拨打报名热线电话××××××××××××。

五、招聘方式

请携带本人身份证、毕业证(及网上学历认证)原件及复印件各一份,个人简历表一份,小一寸近期红底照片4张(照片按单张剪开,每张照片背面务必注明考生姓名),在参加考试前交本公司,报名资格审核通过后,参加招聘考试(考试时间、地点另行通知)。

组织招聘加分及计分办法如下。

(1) 参加公共基础知识考试,考试内容包括时事政治、基本法律知识、基本写作能力(卷面分100分)。按照考试得分多少从高到低择优录用。

(2) 本科学历加5分;在大学期间获评优秀学生加2分。

(3) 同分优先处理原则:经以上计分分数相同的,学历高者优先;学历相同的,年龄小者优先。

六、聘用形式

招聘人员属劳务派遣工作人员，非公务员和事业编制，录用后与劳务派遣公司签订劳动合同，并由劳务派遣公司派驻到××县市场监督管理局安排在基层单位工作。

七、福利待遇

1. 月薪2000元＋单位缴纳养老、失业、工伤、医疗生育险。试用期为一个月，试用期满后，经考核合格者，劳务派遣公司为其办理养老、失业、工伤、医疗生育保险，"四险"费用由劳务派遣公司与个人按规定的比例缴纳。

2. 工作时间：8小时工作制，法定节假日休息。

八、管理办法

1. 对聘用人员实行双重管理制，由劳务派遣公司负责人事管理及待遇发放，被派遣单位负责工作管理与考核。

2. 派遣到各基层监管所的人员必须服从管理，遵守各项规章制度，完成好工作任务，基层监管所负责对其工作进行具体考核。

3. 派遣期满，在劳务派遣公司与被派遣单位协商一致的前提下续签派遣协议，未与被派遣单位书面续约的视同自动解约，劳务派遣人员由劳务派遣公司召回并按合同规定解除劳动关系。

4. 劳务派遣人员违法、违纪的由劳务派遣公司随时召回解除派遣，被派遣单位不予经济补偿。

5. 派遣期满不再续约或自动解除派遣关系的按《劳动合同法》和派遣协议处理相关事项。

××县××劳务派遣有限公司
××××年×月××日

四、筛选求职简历

面对成百上千份经过巧妙修饰的简历，劳务派遣单位的招聘人员应善于运用以下几点筛选简历的技巧，提高简历筛选的效率和效果。

常见的做法是将简历筛选的标准分为表3-2所示的四种类型。

表 3-2 简历筛选的标准

评估项目	加分标准	通过标准	待定标准	排除标准
简历格式	内容翔实,逻辑合理,重点突出,自我评价具体,职责和贡献描述完整	内容翔实,条理清晰	简历描述太过简单,需要更新	逻辑混乱,语言不通,错别字满篇
求职意向	有明确的求职意向,工资期望符合公司要求	有明确的求职意向	有明确的求职意向,工资期望超过公司规定的范围很多	没有明确的求职意向,工资期望超过公司规定的范围很多
工作经验	符合职位要求	符合职位要求	经验偏少但产品相关可培养	与岗位要求差别较大
行业背景	同一行业连续性背景2年以上	2年同行业背景	1年同行业背景	无相关行业背景
产品/项目背景	具有竞争对手产品及项目经验	产品经验相关度60%		无相关产品经验
工作连续性、稳定性	工作经历完整,无空档期,工作稳定性高,能在一家公司工作3年以上,基本不怎么跳槽	工作经历完整,无空档期,能在一家公司工作2年以上	有空档期,但是解释合理,稳定性还可以	频繁跳槽,单位平均工作时长小于1年
教育背景	全日制本科及以上	全日制大专院校及非全日制本科		中专、高中院校
专业	完全符合职位要求	从属大类符合要求	不符合要求,但综合素质优异	完全不相关专业
技能描述	80%以上符合职位要求	60%符合职位要求		与职位要求不相关

注:1. 符合加分标准,说明这份简历是一份非常优秀的简历,这个首选人是值得重点关注和邀约的。

2. 符合通过标准,说明这份简历是一份合格的简历,符合岗位的各方面的要求,也可以被邀约过来面试。

3. 符合待定标准,说明这份简历体现出来的内容存在很多瑕疵,在候选人充足的情况下,一般不考虑这样的简历,如果候选人不足,那可以约过来面试一下。

4. 符合排除标准,说明这份简历完全不符合岗位要求,可以把这份简历放进排除库。

五、组织人员面试

面试是测查和评价人员能力素质的一种考试活动。对于劳务派遣单位来说,对于招聘人员的面试有以下两种方式。

1. 代替用工单位面试

劳务派遣单位按照用工单位的招聘需求，对甄选出来的求职者进行面试。一般常用的面试方法有图 3-3 所示的两种。

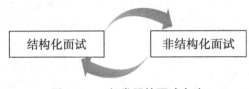

图 3-3 一般常用的面试方法

（1）结构化面试。结构化面试是相对非结构化面试而言的，是指企业在基于对岗位胜任力分析的基础上设定标准固定的面试套路，包括固定的提问问题和评分标准等。任何人来面试时，所有面试官都用这套标准去检测，这就是结构化面试。结构化面试的重点和难点是对岗位任职资格及所需胜任力的准确理解和把握，以及考察这些能力的问题设计，这需要一定的经验积累和对岗位的深刻理解和总结。

> **小提示**
>
> 不同的测试者使用相同的评价尺度，对应聘同一岗位的不同被试者使用相同的题目、提问方式、计分和评价标准，以保证评价的公平合理性。

常见的结构化面试可分为情景面试和行为描述面试。

① 情景面试。情景面试是采用情景模拟技术，通过给定某种工作情景，要求应聘者迅速做出反应；从求职者对假设情景的设想、联想、假设和分析，来捕捉其某些能力或其他个性特征。情景面试的依据是目标设置理论，认为意图和设想是对未来行为的有效预测指标。

根据设定的工作情景的不同，常见的情景面试大致有表 3-3 所示的几种。

表 3-3 情景面试的种类

序号	面试情景	具体说明
1	无领导小组讨论	无领导小组讨论是指运用松散型群体讨论方式，快速诱发人的特定行为，并通过对这些行为的定性描述、定量分析以及人际比较来判断被评价者特征的人才测评方法。通常是指定几名被试者为一组，就某一个给定问题进行讨论。讨论的主题往往呈中性，没有绝对的对错，易于被试者展开讨论，有自由发挥的余地，充分展示自己的才华和素质能力。评价者则在一旁对被试者的行为表现进行观察评价 整个讨论过程可以检测应试者的口头表达能力、组织协调能力、情绪稳定性、处理人际关系的技巧等，是一个不可多得的对应试者的能力素质进行立体观察的窗口 最后，还可根据情况要求应试者写一份讨论记录，以分析其表达能力、归纳能力和综合分析决策能力等

续表

序号	面试情景	具体说明
2	公文处理	公文处理的典型表现形式是文件筐测验，也称公文框测验，它根据被试者在规定的时间内对一系列的公文材料的处理情况来考察被试者的计划、组织、预测、决策和沟通能力。它是对实际工作中管理人员掌握和分析资料、处理各种信息以及做出决策的工作活动的一种抽象和集中。 文件筐测验是一种在静态环境下，对应试者多方面的素质能力进行的测评。它具有高仿真性，尤其适合于测试被试者的敏感性、工作主动性、独立性、组织与规划能力、合作精神、控制能力、分析能力、判断能力和决策能力等。由于文件筐测验的试题设计、实施、评分都需要较长的研究与筛选，必须投入相当大的人力、物力和财力才能保证较高的表面效度，因此花费的精力和费用都比较高，往往多用于中高层管理人员的选拔
3	角色扮演	角色扮演是设计一种接近"真实"的工作情境，给被试者一个指定的管理角色，要求测评对象进入角色情境中去处理各种问题和矛盾，从而评价其沟通能力和人际技能。角色扮演中给定的角色往往处于一系列人际矛盾和冲突当中，被试者能够真实地体验不同角色的心理感受。在这种特定角色和心理活动的条件下，能够较为真实地"激发"被试者的最直观的行为，从而对其人际沟通技能进行评定
4	即兴演讲	即兴演讲往往是给定被试者一个主题，让其稍做准备，进行即席发言。它主要测评的是被试者的语言表达能力，同时还能够对其思维的敏捷性、明晰性和准确性以及临场的应变能力进行考察。一般来说，往往会根据职位的性质和要求来确定面试中是否有即兴演讲部分存在的必要

② 行为描述面试。行为描述面试简称 BD（Behavior Description）面试，它采用的面试问题都是基于关键胜任特征（或称胜任力，以下同）的行为性问题。

一般来说，面试官通过行为描述面试要了解两方面的信息：一是应聘者过去的工作经历，判断他选择本企业发展的原因，预测他未来在本组织中发展所采取的行为模式；二是了解他对特定行为所采取的行为模式，并将其行为模式与空缺岗位所期望的行为模式进行比较分析。

在进行行为描述面试时，面试官应把握住表 3-4 所示的四个关键的要素。

表 3-4 四个关键的要素

序号	要素	说明
1	情景（Situation）	即应聘者经历过的特定工作情景或任务
2	目标（Targct）	即应聘者在此情景中所要达到的目标
3	行动（Action）	即应聘者为达到该目标所采取的行动
4	结果（Result）	即该行动的结果，包括积极的和消极的结果，生产性的和非生产性的结果

（2）非结构化面试。非结构化面试就是没有既定的模式、框架和程序，面试官可以"随意"向被测者提出问题，而对被测者来说也无固定答题标准的面试形式。面试官提问问题的内容和顺序都取决于其本身的兴趣和现场应试者的回答。这种人才测评方法给谈话双方以充分的自由，面试官可以针对被测者的特点进行有区别的提问。

这种面试人才测评方法简单易行，不拘场合、时间、内容，简单灵活，应聘者防御心理比较弱，了解的内容比较直接，可以有重点地收取更多的信息，反馈迅速。但非结构化面试本身也存在一定的局限，它易受面试官主观因素的影响，缺少一致的判断标准，面试结果常常无法量化以及无法同其他被测者的评价结果进行横向比较等。

> **小提示**
>
> 一般来说，现在的企业大都采用结构化和非结构化相结合的方式，为企业的人力资源的多方位开发和管理形成良性循环。

2. 组织求职人员到用工单位参加面试

面试可以给用工单位和求职者提供进行双向交流的机会，能使用工单位和求职者之间相互了解，从而双方都可更准确地做出聘用与否、受聘与否的决定。因此，劳务派遣单位可以将甄选出来的求职者集中起来，组织他们到用工单位参加面试，由用工单位直接决定是否录用。

六、入职背景调查

背景调查是指通过从外部求职者提供的证明人或以前工作的单位那里搜集资料，来核实求职者的个人资料的行为，是一种能直接证明求职者情况的有效方法。

1. 背景调查的目的

通过背景调查，可以证实求职者的教育和工作经历、个人品质、交往能力、工作能力等信息。简而言之，背景调查就是用人单位通过第三者对应聘者提供的入职条件和胜任能力等相关信息进行核实验证的方法。这里的第三者主要指应聘者原来的雇主、同事以及其他了解应聘者的人员，或是能够验证应聘者提供资料准确性的机构和个人。

> 小提示
>
> 由于背景调查技术的成本较高,操作难度较大,企业一般在确定了目标职位的候选人之后才使用。

2. 背景调查的时机

一般针对复试通过者进行背景调查,这样工作量相对少一些,但对于高层管理岗位最好在初试通过就进行背景调查,这样可以为复试提供有力的支持;背景调查时间最好安排在面试结束与上岗前的中间时段;对在职应聘人员应注意保密,以免对应聘人员造成影响。

3. 背景调查的对象

公司所有拟录用的管理人员都应进行背景调查,但根据岗位不同,背景调查应有所侧重,重点是管人、管财、管物的关键岗位和中、高层管理人员。

4. 背景调查的内容

背景调查的内容应以简明、实用为原则,内容简明是为了控制背景调查的工作量,降低调查成本,缩短调查时间。一般调查的内容分为两类:一是通用项目,如毕业证书的真实性、任职资格证书的有效性;二是工作经验、技能和业绩方面的真实性。管理岗位背景调查具体涵盖内容如图3-4所示。

图3-4 管理岗位背景调查的内容

背景调查完成后,要统一填写"背景调查表",报领导审查,确定最终是否录用,并作为员工的历史资料,由人事部门专人负责入档。填写表格时应注意:填写要完整、准确,不得漏项,记录在调查过程中了解到的一切信息;填写调查结果,应涵盖调查的内容;应记录提供信息、人员的职务,以便对其提供情况的可信度做出判断。

下面提供一份背景调查表的范本,仅供参考。

> 范本

背景调查表

应聘者姓名			应聘岗位		面试时间	
调查单位1						
提供信息人1	与被调查者关系	□上级 □下级 □平级 □其他_____				
	姓名		所在部门		所在职位		联系方式	
被调查者信息	任职时间			任职岗位		
被调查者信息	工作评价		有无不良记录或纠纷			
			薪资水平			
	离职原因	□公司辞退（原因：） □个人辞职（原因：）				
调查单位2						
提供信息人2	与被调查者关系	□上级 □下级 □平级 □其他_____				
	姓名		所在部门		所在职位		联系方式	
被调查者信息	任职时间			任职岗位		
	工作评价		有无不良记录或纠纷			
			薪资水平			
	离职原因	□公司辞退（原因：） □个人辞职（原因：）				
调查单位3						
提供信息人3	与被调查者关系	□上级 □下级 □平级 □其他_____				
	姓名		所在部门		所在职位		联系方式	
被调查者信息	任职时间			任职岗位		
	工作评价		有无不良记录或纠纷			
			薪资水平			
	离职原因	□公司辞退（原因：） □个人辞职（原因：）				
调查小结						
调查结果	□属实 □不属实					
调查日期			调查部门		调查人	

七、员工录用入职

1. 安排入职体检

求职者的身体状况不仅关系到工作能力,更为重要的是关系到用人单位的用工成本。在劳动合同履行过程中劳动者患病的,即使入职前就存在该潜在疾病或职业病,新用人单位仍将可能对此承担责任,这大大增加了用人单位的用工风险。

因此,劳务派遣单位应要求应聘者在入职前提供体检证明,并指明需要检查的项目,但要注意不能有对乙肝携带者的歧视等。

2. 薪酬福利沟通

在进行薪酬谈判时,应与求职者沟通,充分了解其目前薪资具体数额、薪资具体组成(包含福利补贴)及期望薪资。此时,薪资谈判会出现两个方向。

第一,求职者期望薪资符合企业薪资标准,则充分考虑到期入职后的稳定性及内部员工的薪资平衡性,给出合理的薪资建议。

第二,求职者期望的薪资超出企业薪资标准,此时应清晰了解到求职者的跳槽动机、从原单位离职的真实原因、本单位的优势等,结合这几点凸显入职本单位的亮点及发展,弱化薪资的重要性并做出适当的薪资打压。若求职者仍坚持原期望薪资,且其确实是单位急需的优秀人才,可考虑向领导申请特批待遇。

> **小提示**
>
> 管理人员一般薪酬谈判都要经过2~3次以上,而非一蹴而就的。在每一次薪酬沟通之后,如果求职者有异议并要求薪酬提升,不应立即回复,最好有1~2天作为缓冲。让对方知道企业的薪酬调整是需要内部审批的,制造一种"艰辛得来"之感,让对方自动降低期望。

3. 发放录用通知

劳务派遣单位在结束面试后,应该通知求职者录用结果,通知的结果一种是发放录用通知书,另一种是未录用通知书。一旦决定录用求职者,就要及时给求职者发录用通知书,否则人才有可能会去其他公司。

(1)录用通知书的内容。一份完整的录用通知书一般包括以下几项内容。

① 职位基本信息:如职位名称、所在部门、职位等级等内容。

② 薪资福利情况:如试用期规定、具体薪资构成(基本工资、绩效工资、年终奖等)、试用期薪资、福利状况等。

③ 报到事宜:如具体联系方式,报到时间、地点,报告需要带的资料等。

④ 其他说明：如回复录用通知的形式、公司的培训、发展等补充说明。

> **小提示**
>
> 关键的录用条件、薪酬待遇等条款要清楚，无歧义；不允许出现模棱两可的情况，否则就是存在失责行为。

（2）录用通知发出的形式。作为一种正式的要约，一般要求录用通知能以书面并加盖企业公章（或人力资源部门公章）的形式发出。正规的公司，大多会以正式的信函方式发出录用通知书，也有一些企业通过邮件发送录用通知。

4.办理入职手续

对于新员工的入职手续办理，每个劳务派遣单位都有自己的标准和流程，其人力资源部门应安排专人按单位的规章制度做好新员工入职手续的办理。

下面提供一份××劳务派遣公司派遣员工入职手续办理须知的范本，仅供参考。

范本

派遣员工入职手续办理须知

1.填写"派遣员工信息登记表"，并在表格中所对应的区域粘贴身份证复印件、户口簿复印件、彩色照片5张及建设银行存折卡或银行卡复印件。

2.签订劳动合同两份以及"派遣员工告知书"。

3.派遣员工需提供离职证明的原件等各地政府要求的录用材料。

4.如派遣员工需办理调档手续的，需提供人事档案调档函等相关凭证。

5.派遣员工受聘前必须先经过公司指定医院的体检，体检结果经公司审查合格后方可聘用。

6.派遣员工应认真、据实填写公司制定的个人资料表格，所提供的个人资料必须正确属实，并向公司提交学历证明、身份证明等有关证书、证件的原件，由公司审验后留存复印件。

若员工有任何虚报隐瞒，公司将视情形给予相应的违纪处分。

7.派遣员工个人资料如有变更，应在发生变更后1个月内书面通知公司业务服务部，以便业务服务部能将最新资料显示在员工档案里；因员工未及时通知而造成的一切后果应由员工本人承担。前述信息包括但不限于以下内容。

（1）派遣员工姓名、家庭地址和电话号码、紧急联系电话号码。
（2）结婚日期，配偶的姓名及出生年月。
（3）新取得的学历或专业证书、职业技能资格证书或职称等。

8.派遣员工入职办理程序

派遣员工持"派遣员工信息登记表"及上述相关签订合同所需材料前往上海公司总部（外地派遣员工前往当地分公司）签订劳动合同，办理入职手续，如当地无分公司则将材料寄往上海公司总部。

第二节
派遣员工培训管理

一、培训需求分析

对于招聘的员工，其最终都要派送到相关用工单位，而不同的用工单位，对派遣员工的要求不同，这就要求劳务派遣单位做好派遣员工的相关培训工作。对此，劳务派遣单位可从组织层面、工作层面、员工个人层面来分析每个培训项目的需求。

1.从组织层面分析

培训需求的组织层面分析主要是通过对组织的目标、资源、特质、环境、效率等因素的分析，准确地找出组织存在的问题与问题产生的根源，以确定培训是否属于解决这类问题最有效的方法。组织分析的目的是在收集与分析组织绩效和组织特质的基础上，确认绩效问题及其病因，寻找可能解决的办法，为培训部门提供参考。一般而言，组织分析主要包括表3-5所示的内容。

表3-5 组织层面培训需求分析

序号	分析事项	具体说明
1	组织目标分析	明确、清晰的组织目标既对组织的发展起决定性作用，也对培训规划的设计与执行起积极的导向作用，组织目标决定培训的目标。如果一个组织的目标是提高产品的质量，那么培训活动就必须与这一目标相一致。假若组织目标模糊不清，培训规划的设计与执行就显得很困难，目标分析就是要让目标清晰地展现出来，培训活动才能根据其进行设计

续表

序号	分析事项	具体说明
2	组织资源分析	如果没有确定可被利用的人力、物力和财力资源,就难以预算培训的成本和效益,也就无法保证已经确立培训目标的实现。组织资源分析包括对组织的资金、时间、人力等资源的描述 (1) 组织所能提供的经费将影响培训的范围和深度 (2) 对组织而言,时间就是金钱,培训是需要相当多的时间的,如果时间紧迫或安排不当,极有可能造成培训流于形式,不能达到预期的目标 (3) 对组织人力状况的了解非常重要,它是决定是否培训的关键因素。组织一次成功的培训,资金和时间当然起着很重要的作用,但是人力资源无疑是重中之重。要充分分析组织进行培训时能够提供的培训讲师的数量、培训讲师的专业、能够担任的培训课程、培训讲师的工作绩效,以及工作人员的数量、工作人员的年龄、工作人员对培训工作的态度等。通过这些分析可以判断凭借企业自身的人力能否组织成功的培训,如果人力资源不足,而培训又十分必要,则要考虑从组织外部引进讲师或工作人员,与组织的相关人员配合共同完成培训工作
3	组织特质和环境分析	组织特质与环境对培训也起着重要的作用。因为,当培训规划和组织的价值不一致时,培训的效果就很难保证。组织特质与环境分析主要是对组织的系统结构、文化、资讯传播情况的了解 (1) 系统特质是指组织的输入、运作、输出、次级系统互动以及与外界环境间的交流特质。通过对系统特质的分析可以使管理者全面系统地面对组织的整体情况,充分了解组织的特性,避免在组织进行培训需求分析时以偏概全 (2) 文化特质是指组织的软硬体设施、组织哲学、组织理念、组织精神、组织道德、规章制度、组织经营运作的方式、组织成员待人处事的特殊风格。对组织文化物质的分析可以使管理者深入了解组织,而不是仅仅停留在表面问题上,这样就可以挖掘出组织在培训方面的深层次需求,使培训工作切实解决企业存在的深层次问题 (3) 资讯传播特质是指组织部门和成员收集、分析和传递信息的分工与运作。培训需求分析工作正是以大量相关信息为基础,对资讯传播特质的分析可以使管理者了解组织信息传递和沟通的特性,从而迅速掌握收集信息、传递信息、反馈信息的各种渠道,提高培训需求分析工作的效率和效果
4	组织效率分析	包括组织的生产效率、人力支出、产品的质量和数量、浪费状况、机器的使用和维修。组织可以对这些因素加以分析,制定出相应的效率标准。如有不能达到效率标准要求的,就要考虑使用培训的手段加以解决。同时这些标准也是培训效果的评价指标

2. 从工作层面分析

工作层面培训需求分析主要是根据员工的职位描述和任职资格所制定的工作执行标准来寻找员工实际工作能力与要求之间存在的差距,从而确定培训需求。工作层面培训需求分析有利于了解与绩效问题有关的工作内容、工作标准以及完成工作所具备的知识和技能。通常情况下工作层面分析可以通过查阅员工岗位说明书来获取部分相关信息。

工作层面培训需求分析主要包括如表3-6所示的内容。

表3-6　工作层面培训需求分析包括的内容

序号	分析事项	具体说明
1	工作规范分析	主要是对员工的工作内容、工作责任、组织关系、工作量等进行分析
2	工作复杂程度分析	以员工工作的每一个工作要项为基础，分析其工作标准、特点、所需的知识技能、安全及注意事项等
3	工作环境分析	主要是对劳务派遣员工工作的物理环境、安全环境、社会条件等进行分析
4	任职资格分析	主要是对工作岗位要求员工所具备的教育培训情况、知识、经验、心理素质等进行分析

3. 从个人层面分析

个人层面培训需求分析主要是对劳务派遣员工的工作背景、年龄、个性、知识、能力等进行分析，找出劳务派遣员工现状与标准之间的差距，以确定培训对象、培训内容及培训后应达到的效果。

个人层面培训需求分析主要包括如表3-7所示的内容。

表3-7　个人层面培训需求分析包括的内容

序号	分析事项	具体说明
1	员工知识结构分析	主要是对劳务派遣员工文化教育水平、职业教育培训、专项培训等进行分析
2	员工能力水平分析	主要是对劳务派遣员工实际拥有的能力与完成工作所要求的能力之间的差距进行分析
3	员工个性分析	主要是对劳务派遣员工个性特征与职位要求的匹配程度进行分析
4	员工工作态度分析	劳务派遣员工工作态度不仅会影响其知识技能的学习和发挥，还会影响他与同事间的人际关系、与客户的关系等

二、培训计划制订

培训计划是根据培训需求分析的结果，对培训项目的目标、对象、内容、要求、期限和实施方法等主要工作事项所做出的统一安排。

培训计划制订得好坏直接影响着培训效果,其流程制订一般包括图 3-5 所示的几个环节。

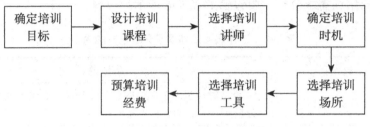

图 3-5　培训计划制订的流程

1.确定培训目标

培训目标为培训计划提供了明确的方向与依据。有了明确的目标,才能确定培训对象、培训内容、培训时间、培训讲师、培训方法等具体内容,并对培训效果进行评估。在制定培训目标时,要结合考虑培训对象的特点、定位、工作岗位等因素。

对于新入职的劳务派遣员工进行培训的目的在于图 3-6 所示的四个方面。

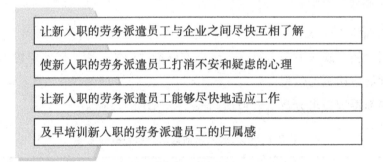

图 3-6　对新入职的劳务派遣员工进行培训的目的

2.设计培训课程

劳务派遣员工培训课程的设计主要包括对课程目标、课程内容、课程教材、授课方式、课程时间等要素的设计。

(1)课程目标。是指培训课程对受训者在知识与技能、过程与方法、情感态度与价值观等方面培养上期望达到的程度或标准,也就是说培训结束后受训者应达到的预期水平。

比如,对于新入职的劳务派遣员工的课程目标可以定义为:充分了解有关劳务派遣单位以及用工单位的基本背景情况、企业历史、文化、战略发展目标、组织结构和管理方式;了解工作的流程与制度规范,让其明确自己的工作职责、程序、标准等,从而帮助劳务派遣员工更快地适应环境和工作岗位,更好地规划职业生涯,提高工作效率。

（2）课程内容。课程内容设计详见本书第三章第二节"三、培训课程设计"。

（3）课程教材。劳务派遣员工的培训课程教材必须是事先精心准备的材料，必须切合受训者的实际需要，要有该领域最新型的资料。

针对不同类型的劳务派遣人才的培训需求，劳务派遣单位应组织相关人员认真编写教学大纲、准备培训教材，切实保证劳务派遣员工培训的质量和实际效果。

培训教材的编制应贴近用工单位和劳务派遣员工的工作实际，充分把握劳务派遣员工的培训需求，仔细考虑所授课程的目标、培训对象的特点、培训对象的理解水平等。培训教材的内容主要包括所要教授的主要理论或技能、案例分析、游戏编排、互动讨论、相关测试、所提问题及问题答案等所有与课程相关的内容。

比如，在新入职的劳务派遣员工培训中，通常需要准备的培训资料有：劳务派遣单位以及用工单位的背景资料，劳务派遣员工手册，劳务派遣员工岗位说明书，安全生产管理手册，质量管理手册，生产设备使用手册，生产日常行为准则，生产流程图，技术指导与规范等。

（4）授课方式。对劳务派遣员工进行培训的形式多种多样，如课堂讲授法、多媒体教学法、工作指导法、角色扮演法、工作座谈法、户外拓展法等，劳务派遣单位可以根据自己的实际情况选择采用。

如表3-8所示的是对新入职劳务派遣员工可以采用的不同授课方式的介绍。

表3-8　对新入职劳务派遣员工可以采用的不同授课方式的介绍

序号	授课方式	具体说明	适用范围
1	课堂讲授法	培训讲师通过课堂讲授方式对新入职劳务派遣员工进行培训	规章制度培训、企业文化培训、岗位职责培训等
2	多媒体教学法	利用现代化多媒体设备，如投影仪、电视录像等进行辅助教学	操作标准培训、质量管理培训、安全教育培训等
3	工作指导法	由专业技术人员对新入职劳务派遣员工进行一对一指导	专业知识和技能培训、操作方法与技巧培训等
4	角色扮演法	员工在专业培训讲师指导下，在角色扮演法模拟的环境中扮演在新工作岗位中需要担任的角色	操作流程培训、工作方法和技巧培训等
5	工作座谈法	公司内部领导、老员工、专家能手等对新入职劳务派遣员工以座谈的方式进行培训	职业基本素质培训
6	户外拓展法	通过开展户外活动，在活动中锻炼和培训新入职劳务派遣员工	团队与沟通的培训等

（5）课程时间。课程时间安排主要包括开课的时间、每课的课时、每个项目的课时和整个培训的期限。

新员工培训对劳务派遣员工入职后的工作态度、工作表现都具有重要影响，因此劳务派遣单位应选择恰当的培训时间和合理的培训期限对新入职劳务派遣员工开展培训。

> **小提示**
>
> 入职培训应选择在新进劳务派遣员工入职初期完成，以确保新入职劳务派遣员工认同企业文化，端正工作态度，燃起工作热情。

3. 选择培训讲师

培训讲师是开展培训的授课主体，其知识丰富程度、语言表达方式、授课形式等均会对培训效果产生影响。培训部门应根据每个培训项目的目的、要求、内容等特点选择既有某方面对口专业知识，又具有丰富实践经验的培训讲师。

培训讲师主要有两大来源：企业外聘和企业内部开发。培训管理人员应根据本企业实际情况，确定适当的内部和外部培训讲师的比例，尽量做到内外搭配、相互学习、相互促进。

> **小提示**
>
> 企业高层领导、人力资源部经理、部门主管、专业技术人员、专职讲师等都可以被邀请来作为劳务派遣员工的培训讲师。

4. 确定培训时机

培训部门应选择在劳务派遣员工入职、企业技术革新、业绩下滑、引进新技术、开发新项目时对劳务派遣员工进行培训，因为这时劳务派遣员工的培训需求最为明显。

5. 选择培训场所

对培训讲师和培训对象来说培训场所是十分重要的。舒适的环境会令劳务派遣员工学习的效果更好。培训场所的选择要保证培训实施的过程不受干扰。选择培训场地时需要综合考虑图 3-7 所示的三个方面的因素。

图 3-7 选择培训场所应考虑的因素

6. 选择培训工具

培训工具应针对组织和培训对象的特点而量身定制。通常情况下，在进行培训工具选择时企业会考虑多项因素，如培训预算、紧迫程度、培训对象数量、培训资源、培训讲师个人素质、培训场所等。总之，在劳务派遣员工培训实施前应根据培训计划安排，确保这些培训设备具体落实到位，运行状态良好。

7. 预算培训经费

劳务派遣员工培训作为一种投资行为，必须要有一定的经费保障，这是培训活动得以顺利实施的物质基础。因此，在编制劳务派遣员工培训计划时，培训经费预算是需要重点考虑的因素之一。

在确定了劳务派遣员工培训目标、培训时间、培训内容、培训讲师等要素之后，在此基础上培训部门可以据此形成劳务派遣员工培训计划方案。当然，在制定了劳务派遣员工培训方案之后，培训部门应将培训方案不断地进行测评、修改，尽量使培训方案完善。除此之外，培训方案还要获得与培训相关的部门、管理者与劳务派遣员工的支持，这样才有利于培训计划的落实。

下面提供一份××劳务派遣公司就业培训部培训计划的范本，仅供参考。

范本

××劳务派遣公司就业培训部培训计划

一、培训总则

第一条　岗前培训的目标是要使新进人员了解本公司及合作企业的公司概况及规章制度，便于新进人员更快地胜任拟任岗位的工作并遵守规定。

第二条　凡新进人员必须参加本公司举办的新进人员岗前培训，其具体实施办法依本制度执行。

第三条　岗前培训的内容包括以下几个方面。

1. 本公司及合作企业的创业史及公司业务。
2. 合作企业的组织机构及公司管理制度。
3. 拟任岗位的工作情况、业务知识以及安全措施等问题。
4. 员工岗前的职业道德培训。

第四条　新进人员的培训，劳务派遣就业培训部门应事先制订日程安排计划、培训进度记录等项目。

二、培训阶段

第五条 对于新进人员的培训,按工作环境与程序一般分为三个阶段。

1. 公司本部培训(介绍本公司的基本情况)。
2. 合作企业培训(详细介绍合作企业的企业文化、规章制度、安全措施等问题)。
3. 员工岗前职业道德培训。

第六条 公司本部培训重点进行以下各项。

1. 公司概况,包括公司历史、现状及其在产业中的地位。
2. 讲解本公司的规章制度、服务项目以及若遇到问题时应怎么处理。
3. 参观公司的工作环境,解答派遣员工的疑问。

第七条 合作企业的教育培训的重点在于实际操作技术、技能及工作情况,其要点如下。

1. 每天的日常工作及可能的临时性业务。
2. 拟任岗位的工作技能及工作方法。
3. 时间的运筹与管理。
4. 工作任务的达成率。
5. 必要时可和教育机构合作为员工提供短期培训。

第八条 为有效达成教育培训目标,应酌情安排、灵活制订上述教育培训阶段的计划,并严格予以实施。

三、教育培训的内容

第九条 教育培训的内容,由劳务派遣就业培训部门会同相关部门可根据拟任岗位的特点确定并安排,一般说来,必须具备下列三项。

1. 合作企业基本情况及发展的教育培训。
2. 合作企业的规章制度与安全措施的教育培训。
3. 工作服务态度与文明礼貌用语的教育培训。

第十条 必须确保新进人员通过岗前培训,使其具有相应的基础知识与基本技能,熟悉合作企业的组织结构、目标、政策、经营方针等情况,熟悉并遵守企业的规章制度。

第十一条 凡新进人员,都应对他们进行系统的教育培训,培养他们工作中的时间管理和计划能力,从而使其在今后的工作中能通过适当的组织与协调工作,按一定的程序达成工作目标。

第十二条 态度与语言教育培训的目的在于提高公司新进人员乐观、自信的精神与积极的态度，以热忱服务、信誉至上的信念履行职责。

第十三条　教育培训要注重讲究效率，按一定的计划与步骤促进培训成功与公司发展。

注：若有需要可带派遣员工参观本人拟任岗位的工作环境。

三、培训课程设计

对于劳务派遣员工的培训，课程设置方面要本着"缺什么培训什么、需要什么培训什么"的原则，使劳务派遣员工掌握相应的技术和技能，从而改善工作质量、提高工作效率。另外，课程设计还要适应多样化的劳务派遣员工背景，选择不同难度的课程内容进行课程水平的多样组合。

1. 课程设计的着眼点

通常，劳务派遣员工培训内容主要着眼于知识、技能和态度这三个方面，具体如表3-9所示。

表3-9　课程设计的着眼点

序号	着眼点	具体说明
1	知识	知识是对事物的基本认识和理论抽象，是个人能力得以形成的基础。培训的知识不同于学校的知识教育，它更偏重"用什么学什么"，更注重知识的实用性，往往不要求培训内容的面面俱到，而强调能运用到实际工作中
2	技能	技能是解决具体问题的技巧和能力。对于组织基层劳务派遣员工培训，一般要着重于工作中专业技术能力的提升。而对于管理型的劳务派遣员工培训，需要偏重管理决策技能、解决问题技能、人际关系技能等
3	态度	态度是待人处事的精神面貌和人格形象，是一个人对人、对事、对待环境的心理倾向，或者行为意志的表露。通过培训，可以培养劳务派遣员工积极、乐观的健康心态，建立起与人、与公司之间的相互信任、团队合作精神和基于高度认同的主人翁意识

2. 课程内容的选择

选择课程内容时，应首先考虑劳务派遣员工相关的学习背景和学习需求。在对环境、职务及培训对象需求进行了分析之后，确定培训对象必须学会的知识和技能。在选择的过程中，要本着相关性、有效性和价值性的原则。

3. 课程编排

在设计教材和进行授课时，课程设计者或讲师要根据劳务派遣员工过去的学习水平、发展阶段、接受能力和劳务派遣员工的个人差异来确定最理想的顺序。

比如，新入职的劳务派遣员工的培训内容通常划分为劳务派遣公司入职培训和用工单位入职培训两个层次。劳务派遣公司入职培训旨在通过集中培训，让新入职的劳务派遣员工对用工单位、劳务派遣公司的整体情况有一个初步的认识和了解。用工单位入职培训是用工单位对其整体概况、劳务派遣员工的工作性质、内容、要求等对新入职的劳务派遣员工所开展的培训。

四、培训实施控制

培训实施是指培训部门接到培训信息后，对即将开展的培训工作做出系列安排，确保培训实施过程高效顺利完成；并及时完成由于该培训所形成的系列报表及相关信息统计汇总、反馈等系列工作。培训实施过程控制，就是对培训实施的系列工作过程进行有序、保质、高效的协调与组织。

1. 培训实施的准备工作

在组织员工进行培训前，培训部门需要做好各项准备工作，如发布培训通知、安排培训时间、选择培训地点、准备培训用具等。只有做好了这些准备工作，培训才能顺利进行。

2. 培训期间的管理

培训实施涉及许多人、部门和设施，最容易在细节上出错。因此，在这个过程中，培训部一定要周密、细心地做好培训期间的管理，具体工作如表3-10所示。

表3-10 培训期间的管理工作

序号	工作内容	具体说明
1	茶水准备	培训部应准备学员和培训讲师的饮用水和各种饮料；根据培训内容安排合适的音乐，为培训营造适宜的氛围
2	学员签到	学员应在专门的签到表上签到，签到表的设计要包括姓名、部门等简单的个人信息。培训部应安排专人负责学员的签到，以便掌握学员的出勤情况
3	学员心态引导	学员从求职状态转入培训状态，在心态上有一个调整的过程。培训部可以通过培训前会议、讨论等形式帮助学员尽快完成这个过渡，为开始培训做好心理准备

续表

序号	工作内容	具体说明
4	培训介绍	简要介绍培训课程的内容、目标,培训讲师的个人情况;对后勤安排和管理制度的介绍,主要包括食宿安排、交通安排、学习用品的提供、考勤要求和课堂纪律等;对培训日程安排的介绍;学员的自我介绍
5	培训器材的管理与后勤服务	在培训过程中,培训部应安排专人负责培训器材的保管和维护。如果设备出现了故障要能够及时修理或替换,不要影响培训的进行
6	培训服务工作	培训中发现意想不到的问题,如培训偏题、培训冷场等时,培训部应及时与培训老师沟通并采取相关解决措施。培训部在培训课间也应征求学生对上课的意见并反馈给受培训老师,配合讲师的工作

3.培训结束后的后续工作

(1)培训后跟进。培训后跟进是为了使培训活动的进展更加顺利,取得更好的效果。培训过后要对培训者实施调查,以听取他们对培训的看法。培训后跟进可使用培训跟进信息反馈表。

(2)培训档案整理。培训档案整理包括建立培训档案和对各类培训资料进行分类分档,以便决定今后的培训以及为员工考核、晋升、奖惩提供重要依据。其中受训者的档案内容如表3-11所示。

表3-11 受训者的培训档案内容

序号	内容	具体说明
1	员工的基本情况	包括学历、进公司年限、所经历的岗位、现有岗位工作情况等
2	上岗培训情况	包括培训的时间、次数、档次、成绩等
3	晋级升职培训情况	包括任职时间、任职评价等
4	专业技术培训情况	包括技术种类、技术水平、技能素质以及培训的难易程度
5	其他培训情况	例如在其他地方参加培训的经历、培训的成绩等
6	考核与评估情况	包括考核定级的档次、群众评议情况等

五、培训效果评估

劳务派遣员工培训效果评估是依据培训目的和要求,运用一定的评估指标和评估方法,用定性或者定量的方式对培训的效果加以检查和评定,它是培训流程中的最后一个环节。在员工培训结束后,对培训实施环节进行评估,是对整个培训活动实施成效的评价和总结。

1. 培训效果评估的意义

通过评估，应能达成如图 3-8 所示的目的。

目的一 可以对培训效果进行正确合理的判断，以便了解某一项目是否达到原定的目标和要求

目的二 受训人知识技术能力的提高或行为表现的改变是否直接来自培训的本身

目的三 可以检查出培训的费用效益，评估培训活动的支出与收入的效益如何，有助于使资金得到更加合理的配置

目的四 可以较客观地评价培训者的工作

目的五 可以为管理者决策提供所需的信息

图 3-8 培训效果评估的目的

2. 培训效果评估的方法

培训效果评估是在培训结束后通过问卷调查对培训效果的综合评估。劳务派遣单位可根据培训项目设计调查问卷，调查问卷整体上分为三个部分，即参训者基本信息、参训者对培训班的满意程度、参训者对培训班的建议及需求。

问卷除设计要求参训者填写的个人基本情况外，还要充分考虑到培训完成后参训者个人的感受，突出培训对实际工作的促进情况，将员工个人培训需求与所在部门实际工作要求相结合，从主客观两个方面共同评估培训效果。

为切实做好培训效果评估，劳务派遣单位应要求学员在培训结束时填写调查问卷，由培训主管部门收集汇总，并撰写培训评估报告。

3. 培训效果评估的步骤

培训效果评估的步骤如表 3-12 所示。

表 3-12 培训效果评估的步骤

序号	步骤	具体说明
1	确定评估目的	在开始评估时，首先要明确"为什么要评估"，也就是说评估的目的是什么，这是评估的方向性问题，对评估什么、评估标准、评估技术、谁来评估、什么时候评估都具有指导性和决定性意义
2	明确评估标准	评估标准是将劳务派遣员工培训活动的目标具体化为可测量的指标，是用来测量培训过程和成果的参照系数。指标来源有四种：行业的标杆数据、历史的经验记录、计划的期望状态和咨询专家的建议

续表

序号	步骤	具体说明
3	制定评估方案	包括评估技术（模型）的选择、评估人员的选择、评估对象的确定、评估时间及地点的确定
4	收集信息	主要来源有劳务派遣员工培训需求分析报告、培训项目计划、培训课程反馈表、知识测试答卷、角色扮演记录、学员行动计划等与培训过程和结果相关的资料
5	测量分析	评估者对收集到的原始资料进行统计、分析，并将结果与评估标准对照做出相应评价，得出劳务派遣员工培训活动的目的是否达到或是已达到某种程度的结论
6	撰写评估报告	培训评估的过程和结果必须用正式的形式表现出来，以便于沟通和作为决策的依据，撰写评估报告既是对评估活动的正式总结，也是为后续沟通和决策提供相应的资料
7	评估结果沟通	培训活动的组织者有理由也有权利知道劳务派遣员工培训活动的评估结果，因此培训活动评估结果的沟通显得尤其重要
8	后续跟进	根据评估结果采取相应的后续措施，比如保留并继续实施评估效果好的项目、对某些环节有缺陷的项目进行改进、暂停甚至取消评估效果差的问题项目

第三节 派遣员工薪酬管理

一、薪酬的内涵

薪酬是现代组织中最主要的一个元素，是对员工劳动的一种酬劳、一种驱动、一种激励和一份回报，也是组织用来激励员工行为的主要手段。人们总是将人的社会地位和他所从事的工作、所获得的报酬联系起来。

从经济学的供给和需求分析的角度出发，薪酬的经济性质为：既是企业对人力资源劳动贡献付出的成本，又是对人力资源再生而进行的投资。组织的薪酬水平策略一般分为市场领先型、市场跟随型、成本导向型及混合型等多种。

二、设计合理的薪酬结构

一般而言，企业的薪酬结构都是多元化的，这些多元化的构成包括岗位工资、加班工资、绩效工资和福利等。很多企业将它划分得很细，包含多个层次和多个项目。

每个企业对薪酬概念的理解都不同，因此对薪酬构成的划分也不尽相同。一般来说，企业的薪酬构成没有对错之分，只有优劣之分。

如图 3-9 所示的是 ×× 劳务派遣公司员工的薪酬结构。

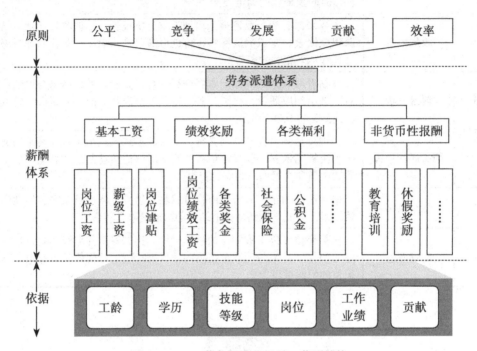

图 3-9　×× 劳务派遣公司员工薪酬结构

1. 基本工资

基本工资属于员工的固定薪酬，是企业根据员工岗位、任职年限、学历层次等个人基本情况，或者根据员工所具备的工作能力支付给员工的相对固定的报酬。因此，基本工资应随着员工工作经验的日益丰富、技能水平的不断提高而变化，反映的是员工个人能力和水平的高低。

劳务派遣单位可在充分考虑劳务派遣员工工作年限较短、学历层次较低，并主要从事技能类岗位的情况后，设计一套适合于劳务派遣员工特征的基本工资管理办法。

比如，建立以学历层次和技能水平为依据的初始定级制度，再根据员工经验的累积而逐年晋升的工资调整办法。这套基本工资管理办法一方面解决了劳务派遣员工的基本工资定级问题；另一方面为劳务派遣员工的薪酬增长建立了一条正常的晋升通道。

2. 绩效奖励

绩效奖励可分为两种：一种是按月发放的岗位绩效工资；另一种是根据企业效益

和盈利情况进行发放的各类奖金。岗位绩效工资和各类奖金是企业基于员工的工作业绩及对企业的贡献而发放给员工的绩效考核薪酬，是薪酬体系中相对浮动的部分，体现的是不同员工之间贡献和绩效的差异，以及企业对员工工作能力和业绩的认可。

绩效奖励的基础是专业岗位体系，即劳务派遣员工的岗位和各岗位之间的层级关系。劳务派遣单位在设计劳务派遣薪酬体系时应首先对劳务派遣员工的岗位进行评价，区分不同岗位承担的工作量和任务难度的差异，以及对员工个人能力和素质的要求，从而确定各岗位绩效薪酬的区间和考核标准。

3.福利

福利是众多企业普遍存在的薪酬项目，是工资的一种重要补充形式。合理完善的福利制度也体现了企业对员工的人文关怀，是企业提高外部竞争力的重要手段。

比如，××劳务派遣公司设计的福利系统就包括法定和本单位补充两种福利类型。法定福利是依据国家的法律法规必须为员工缴纳的社会保险和公积金，这类福利项目不受单位性质和效益的影响。而补充福利属于单位为员工提供的自主福利项目，如住房补贴等，这类福利项目是单位依据国家相关政策，在综合考虑自身经济效益和支付能力的基础上为员工提供的额外福利，是除了工资和奖金项目之外吸引人才、留住人才的重要手段。

4.非货币性报酬

除了货币性报酬外，劳务派遣单位还可设置一些非货币性报酬，作为对劳务派遣员工辛勤工作的额外奖励。从广义上来讲，这部分报酬也可以算作员工薪酬体系的组成部分。

为派遣员工设置的非货币性报酬主要包括企业和领导的认可、学历与发展的机会、技能鉴定的平台以及旅游和休假奖励等。这部分报酬是正常薪酬项目的重要补充，可以使劳务派遣员工在取得货币收入的同时，获得精神和情感方面的认同与满足，对于激发劳务派遣员工的工作热情，增强员工对企业的认同感具有重要意义。

三、建立反映职业特征的薪酬制度

劳务派遣单位应该根据劳务派遣人员的职业特征进行工资和奖金比例的设定，而不是单纯的以学历、工龄等作为考量，使劳务派遣员工薪酬制度更加的科学合理，才能保证这个团队具有高度的稳定性和工作活力。具体措施如下。

1.根据职业特征划分薪酬等级

劳务派遣员工多在服务或是工勤技能岗位工作，应该根据他们的职业特征进行薪酬等级划分。

比如，××劳务派遣公司派遣到××中心的员工主要在食堂、车队及服务部门工作，薪酬等级划分如表3-13所示。

表3-13 根据职业特征划分薪酬等级

薪酬等级	食堂	车队	服务部
一级	主管	主管	主管
二级	厨师、面点师	队长	保洁主管、维修主管等
三级	采购员、安全员	车辆维修师	水电暖维修工、绿化工等
四级	服务员、收费员等	司机	保洁员

2. 根据技能水平划分薪酬等级

处于同一级别的劳务派遣人员还应该根据其技能水平划分薪酬等级，这有助于激励他们更好地去学习和锻炼技能，提高工作能力。

3. 根据工作量、工作难度和强度划分薪酬等级

处于同一级的劳务派遣人员其工作量、工作难度和强度也有所不同，在薪酬等级划分的时候也要区别对待。这样可以避免干多和干少没有区别，消极怠工等不良现象的出现。

> **小提示**
>
> 根据职业特征等划分薪酬等级，尽量避免不合理、不公平的现象出现，使劳务派遣人员得到与付出相对等的报酬，不仅有利于提高薪酬满意度，更有利于刺激他们的主观能动性，积极努力地学习、工作，不断提升服务技能。

四、提供灵活的福利待遇

福利是薪酬体系中必不可少的重要组成部分，也是发挥激励作用的组成部分。薪酬体系中，工资、奖金和福利等有关制度都有着各自不同的相关功能方面的作用，工资是体系中最基础的保障，奖金则是负责对职工的工作积极性进行调动，公司福利也起到间接性进行激励和保障作用。

随着社会经济的发展，职工的工资待遇得到普遍提高，其生活水平也不断提高，在薪酬方面，职工对福利提出了越来越高的要求。福利相对于工资和奖金而言，具有

满足职工多元化、多层次的需求的作用。

比如，能够满足职工住房津贴、乘车等经济与生活的需求；文体活动、休闲活动以及公费旅游等能够满足职工的社交与休闲的需求；医药报销、工伤残津贴、退休金等则能够满足职工安全、养老的需求；进修补助、培训等则能够满足自我充实和发展的需求等。

劳务派遣单位应根据派遣环境的不同与工作性质的不同，在福利方面可以考虑进行个性化设置，要既能体现派遣员工的实际需求，又能有效鼓励派遣员工的积极性。

比如，××劳务派遣公司的福利体系主要包括两个方面：其一是基本福利，包括养老、医疗、失业、工伤等各类保险、休假、节假日福利等；其二是激励福利，其设置的目的是激励派遣员工，主要包括外出考察福利、先进奖励福利、车辆补贴和其他奖励性福利，具体如图3-10所示。

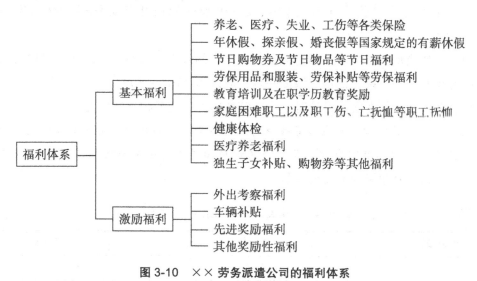

图3-10　××劳务派遣公司的福利体系

五、建立科学合理的绩效考核体系

绩效奖金具有一定的激励作用，劳务派遣单位应该放弃以基本工资为主的工资发放体系，合理增加劳务派遣人员绩效工资的比重来提升激励作用，进而形成以合理的绩效考核为依据的合理的薪酬体系。

绩效奖金制度要想公平的实施，完善合理的考核制度是不可缺少的。而考核内容的设定和考核程序又是绩效考核制度得以顺利进行的关键。因此，劳务派遣单位绩效考核制度应做到图3-11所示的两点。

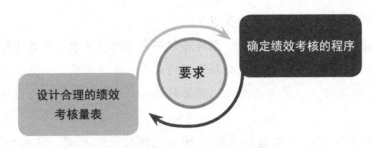

图 3-11 绩效考核制度应达到的要求

1. 设计合理的绩效考核量表

从"德、能、勤、绩"四个方面考虑将员工的工作能力、态度和质量作为绩效考核的主要依据。

（1）工作能力是指员工从事某项工作的胜任力，考核比重应该为30%～40%。

（2）工作态度是指员工在工作时表现出来的积极性和责任感，比重应该为20%～30%。

（3）工作质量就是员工的通过劳动付出产生的效率和效益，它的高低可以反映出员工的劳动水平和成果，比重应该高一点，应该为40%～50%。

绩效考核的依据在实际设计时，还应该考虑员工的各种不同情况。

比如，食堂的保洁员就应该考核他的工作质量，如餐具的卫生和消毒情况、食堂卫生情况等；管理人员则应侧重其管理的水平和工作的效率等指标。如表3-14所示的是派遣员工（食堂厨师）绩效考核。

表 3-14 派遣员工（食堂厨师）绩效考核

绩效指标	考核细则	权重/%
工作质量（45%）	饭菜的口感	5
	饭菜提供的及时性	10
	菜品的多样性化的创新性	10
	对于成本的控制	10
	员工餐饮的满意度	10
工作态度（25%）	有无迟到和早退现象	5
	是否遵守工作程序	10
	服务周到，态度友善	10
食品安全（30%）	原材料安全采购情况	10
	餐具卫生及消毒情况	10
	食堂卫生环境	10

> **小提示**
>
> 绩效考核量表在设计时需采纳劳务派遣人员的看法，进行充分的沟通，才能设计出科学的绩效考核制度。

2. 确定绩效考核的程序

劳务派遣人员应该及时汇报工作情况和工作计划，并对主管部门进行自我评价，上级主管部门根据其表现进行评分，最后由人事管理部门综合考察。负责考核的人员要避免主观臆断，在平时就应该注意劳务派遣人员的工作情况，为考核提供客观公正的依据。考核结果要及时公布而且要接受质疑，因为这关系到劳务派遣人员的报酬。另外，客观公正的考核结果可以为劳务派遣人员指出自身的不足，促使他们不断提升和改善服务水平，更好地为用工单位服务。

下面提供一份××劳务派遣公司员工绩效考核办法的范本，仅供参考。

范本

××劳务派遣公司员工绩效考核办法

为提高公司派遣人员绩效管理的工作效率，公司决定在派遣队伍中试行360度绩效考核办法，以岗位责任为重点，以持续的绩效沟通为核心，将考核结果作为薪酬调整及优秀派遣员工转编等工作的重要依据。此考核办法由公司与各用工单位共同执行。

一、360度绩效考核的含义和作用

360度绩效考核又称360度反馈，指由被考核者本人、领导、下属、同事、服务对象等从全方位、各个角度评估个人的绩效，如沟通技巧、人际关系、行政能力、工作态度、岗位内容的完成情况等。

360度绩效考核旨在加强领导与员工在日常工作中的绩效沟通，因此360度考核非常重视绩效反馈面谈工作。多角度的信息反馈可以使员工更全面地认识自己，有助于员工职业能力的发展，提高工作效率，改进工作绩效，从而达到个人与学校共同发展的目的。

二、360度绩效考核适用范围及责任单位

本考核办法适用于公司派遣至各用工单位的所有派遣员工。

派遣员工的考核工作由公司人力资源部领导，各用工单位负责具体工作。

各用工单位应设一名考核小组组长专门负责考核工作的落实。各用工单位的主管领导作为本单位的考核工作的负责人，负责360度考核的全面推行工作以及监督工作，确保考核工作的公平、公正。

三、考核周期

公司对派遣员工采用年度考核方式，于每年12月组织考核。

考核表可用于年度考核，也可用于试用期转正考核。

四、360度绩效考核的操作流程

（一）为各派遣岗位建立科学的岗位责任书

岗位责任书一般由用工单位根据该岗位的实际需要在提出招聘需求时制定，经派遣员工与用工单位签字确认后生效。

公司每年3月组织对派遣岗位的岗位责任书进行一次集中修订，用工单位应与派遣员工根据岗位实际情况的变化共同商定岗位责任书的各项内容，经双方签字确认备案，并以此作为编制考核表的依据。

（二）确定考核指标，制定考核表

用工单位与派遣员工根据岗位责任书、绩效指标库共同商定完成该岗位考核表中的绩效指标，作为该年度个人的绩效目标，经双方签字盖章后备案。若事后双方就考核表仍有修订的，应将修订后的考核表及时更新备案。

1. 绩效指标体系及指标分值权重

（1）关键绩效指标：提取岗位职责指标、岗位胜任能力指标及工作态度指标中最重要的指标，赋予最高的权重。分值权重：50%。

（2）岗位职责指标：反应派遣员工岗位内容完成质量情况的指标，根据岗位责任书上的岗位内容及岗位要求来填写。分值权重：20%。

（3）岗位胜任能力指标：岗位胜任能力包括一个组织为实现其战略目标、获得成功，对组织内个体所需具备的能力、技能和知识的综合要求。岗位胜任能力指标应根据岗位责任书任职条件中基本技能和素质、个性特征的内容，参考指标库中相关指标来填写。分值权重：15%。

（4）工作态度指标：反应派遣员工工作态度的指标，可参考绩效指标库中相关指标填写。权重：15%。

（5）否决指标：否决指标是根据用工单位的实际情况而设定的最关键的指标，其关键之处在于如果这种指标所对应的工作没有做好，将对用工单位带来直接且严重的后果。

否决指标只有单位领导（含所在部门直接领导）有权打分。否决指标为负分的应提供相应证明，可参考指标库中相关指标填写。

绩效指标库中的指标有限，仅供参考，需根据实际情况进行修改。

2. 分值的设置

每个绩效指标设为4个等级，采用10分制。9～10分为优秀，7～8分为良好，4～6分为合格，0～3分为不合格。

3. 考评者的分类

（1）360度考核。考评者分为四类，包括领导、下属、同事以及服务对象。领导包括派遣员工的直接领导和用工单位的主要负责人，直接领导为指导该派遣员工开展工作的人员、该派遣员工日常工作汇报对象；下属为向该派遣员工汇报工作的人员；同事指用工单位内部具有协作、协助关系的人员；服务对象指岗位的工作对象。

（2）270度考核（该岗位在无下属的情况下使用）。考评者分为三类，包括领导、同事和服务对象，适用于没有下属的派遣岗位。

（三）绩效监控和绩效辅导

派遣员工应根据岗位责任书的要求保质保量地完成本职工作。派遣员工的直接领导作为该人员绩效监控和绩效辅导的责任人，在日常工作中应注意记录该员工的绩效状况，并在员工出现偏离绩效目标的情况时对其进行及时的指导和沟通，帮助其改进绩效。

（四）组织考评

1. 考评者选择、人数及保密控制

考评者总人数应控制在20人左右，确因客观情况考评者人数较少的，应不少于15人。每一类考评者人数原则上应至少占总考评人数的20%，领导考评者人数可根据客观情况确定。

实行匿名考评。考评者的选择是否全面、随机，决定了考核工作的信度和效度。用工单位应根据《岗位责任书》中所列的"工作关系"项罗列与该岗位工作相关的人员作为考评者候选人，原则上应提供30名以上考评者候选人的名单供公司人力资源部随机挑选，确保考评者选择工作的公平、公正。

2. 人力资源部和用工单位根据备案后的考核表组织考评者实施考评。

（五）计算分值，得出考评结果

考评结束后，用工单位应指定一人负责考核表的计分工作，另指定一人负责审核工作，完成考核表、考核汇总表的计分工作，得出用工单位的考核结果。

各用工单位应妥善保管好每位派遣员工的考核资料、留档备查，并将个人考核汇总表及所在单位的考核汇总表按规定时间交于公司人力资源部。

（六）绩效反馈面谈

绩效反馈面谈旨在帮助员工找出绩效差距，建立绩效改进计划以及下一年度的绩效目标。一般在考核结果公布后由被考核者的直接领导与被考核者共同完成。具体步骤如下。

1. 由个人填写考核表进行自评，得出自评分数。

2. 主管领导将考核汇总表交给被考核者，比较自评和360度考评结果之间的区别。

3. 主管领导与被考核者共同分析前段时间工作中存在的优势与不足，肯定优点，正视缺点。

4. 提出书面的改进计划、培训需求以及下一个考核周期的绩效目标，为下一年度岗位责任书和考核表的修订工作奠定基础。

5. 对考核结果达成一致，被考核者在考核汇总表及绩效改进计划上签字。

（七）考核结果的申诉

员工个人对考核结果有异议的，可向所在部门提出申诉，寻求妥善解决。

五、考核结果的应用

（一）用工单位统筹评选出本年度考核结果为优秀和良好的派遣员工

公司根据各用工单位反馈的考核结果进行数据分析，评出该年度考核优秀及良好的派遣员工，并分别予以一次性年终奖励。公司会对优秀及良好的名额进行比例控制，考核优秀的名额占本年度参加考核的派遣员工总数的5%，良好的占25%。

（二）年度考核结果为合格的

年度考核结果为合格的派遣员工，可根据公司《派遣员工薪酬管理办法》逐年提高薪酬标准。

（三）考核结果为不合格的情况及处理办法

1. 年度考核表中否决指标为负分的，经与用工单位确认证据确凿，本年度考核结果计为不合格。用工单位可以将其退回公司，由公司与之解除劳动关系。

2. 因不能胜任工作（年度考核表中除否决指标以外的其他考核指标总得分在3分及以下的）考核不合格的，用工单位应对其进行培训或者调整岗位，并约定新的考核时间，第二次考核仍不合格的，予以退还公司，由公司与之解除劳动关系。

3. 年度考核结果为不合格的第二年不得提高薪酬标准，当年不得领取年终奖。

4. 派遣员工试用期满前用工单位可组织对其进行转正考核，转正考核不合格的视为不符合用工单位的录用条件，可以将其退还公司，由公司与之解除劳动关系。

第四章
劳务派遣合同与协议

第一节
劳动合同

一、劳动合同的制定

1. 劳动合同应包含的内容

《劳动合同法》第十七条明确规定劳动合同应当具备图 4-1 所示的条款。

- 用人单位的名称、住所和法定代表人或者主要负责人
- 劳动者的姓名、住址和居民身份证或者其他有效身份证件号码
- 劳动合同期限
- 工作内容和工作地点
- 工作时间和休息、休假
- 劳动报酬
- 社会保险
- 劳动保护、劳动条件和职业危害防护
- 法律、法规规定应当纳入劳动合同的其他事项

图 4-1 劳动合同应具备的条款

劳动合同除前款规定的必备条款外，用人单位与劳动者可以约定试用期、培训、保守秘密、补充保险和福利待遇等其他事项。

《劳动合同法》第五十八条规定：劳务派遣单位与被派遣劳动者订立的劳动合同，除应当载明本法第十七条规定的事项外，还应当载明被派遣劳动者的用工单位以及派遣期限、工作岗位等情况。

2. 试用期的约定

《劳务派遣暂行规定》第六条规定："劳务派遣单位可以依法与被派遣劳动者约定

试用期。劳务派遣单位与同一被派遣劳动者只能约定一次试用期。"

《劳动合同法》第十九条对试用期的规定如图 4-2 所示。

规定一	劳动合同期限三个月以上不满一年的,试用期不得超过一个月;劳动合同期限一年以上不满三年的,试用期不得超过两个月;三年以上固定期限和无固定期限的劳动合同,试用期不得超过六个月
规定二	同一用人单位与同一劳动者只能约定一次试用期
规定三	以完成一定工作任务为期限的劳动合同或者劳动合同期限不满三个月的,不得约定试用期
规定四	试用期包含在劳动合同期限内。劳动合同仅约定试用期的,试用期不成立,该期限为劳动合同期限

图 4-2　《劳动合同法》第十九条对试用期的规定

下面提供一份人力资源和社会保障部劳务派遣合同示范文本,仅供参考。

范本

人力资源和社会保障部劳务派遣合同示范文本

劳动合同

（劳务派遣）

甲方（劳务派遣单位）：_____
乙方（劳动者）：_____
签 订 日 期：_____年____月____日

注 意 事 项

一、本合同文本供劳务派遣单位与被派遣劳动者签订劳动合同时使用。

二、劳务派遣单位应当向劳动者出具依法取得的"劳务派遣经营许可证"。

三、劳务派遣单位不得与被派遣劳动者签订以完成一定任务为期限的劳动合同，不得以非全日制用工形式招用被派遣劳动者。

四、劳务派遣单位应当将其与用工单位签订的劳务派遣协议内容告知劳动者。劳务派遣单位不得向被派遣劳动者收取费用。

五、劳动合同应使用蓝、黑钢笔或签字笔填写，字迹清楚，文字简练、准确，不得涂改。确需涂改的，双方应在涂改处签字或盖章确认。

六、签订劳动合同，劳务派遣单位应加盖公章，法定代表人（主要负责人）或委托代理人应签字或盖章；被派遣劳动者应本人签字，不得由他人代签。劳动合同交由劳动者的，劳务派遣单位、用工单位不得代为保管。

甲方（劳务派遣单位）：_____
统一社会信用代码：_____
劳务派遣许可证编号：_____
法定代表人（主要负责人）或委托代理人：_____
注册地：_____
经营地：_____
联系电话：_____

乙方（劳动者）：_____
居民身份证号码：_____
（或其他有效证件名称_____证件号：_____）
户籍地址：_____
经常居住地（通信地址）：_____
联系电话：_____

根据《中华人民共和国劳动法》《中华人民共和国劳动合同法》等法律、法规、政策规定，甲乙双方遵循合法、公平、平等自愿、协商一致、诚实信用的原则订立本合同。

一、劳动合同期限

第一条　甲乙双方约定按下列第____种方式确定劳动合同期限。

1.两年以上固定期限合同：自_____年___月___日起至_____年___月___

日止。其中，试用期从用工之日起至_____年____月____日止。

2.无固定期限的劳动合同：自_____年____月____日起至依法解除或终止劳动合同止。其中，试用期从用工之日起至_____年____月____日止。

试用期至多约定一次。

二、工作内容和工作地点

第二条 乙方同意由甲方派遣到_____（用工单位名称）工作，用工单位注册地_____，用工单位法定代表人或主要负责人_____。派遣期限为_____，从____年____月____日起至____年____月____日止。乙方的工作地点为_____。

第三条 乙方同意在用工单位岗位工作,属于临时性/辅助性/替代性工作岗位，岗位职责为_____。

第四条 乙方同意服从甲方和用工单位的管理，遵守甲方和用工单位依法制定的劳动规章制度，按照用工单位安排的工作内容及要求履行劳动义务，按时完成规定的工作数量，达到相应的质量要求。

三、工作时间和休息休假

第五条 乙方同意根据用工单位工作岗位执行下列第____种工时制度。

1.标准工时工作制，每日工作时间不超过8小时，平均每周工作时间不超过40小时，每周至少休息1天。

2.依法实行以____为周期的综合计算工时工作制。

3.依法实行不定时工作制。

第六条 甲方应当要求用工单位严格遵守关于工作时间的法律规定，保证乙方的休息权利与身心健康，确因工作需要安排乙方加班加点的，经依法协商后可以延长工作时间，并依法安排乙方补休或支付加班工资。

第七条 乙方依法享有法定节假日、带薪年休假、婚丧假、产假等假期。

四、劳动报酬和福利待遇

第八条 经甲方与用工单位商定，甲方采用以下第____种方式向乙方以货币形式支付工资，于每月____日前足额支付。

1.月工资_____元。

2.计件工资。计件单价为_____。

3.基本工资和绩效工资相结合的工资分配办法，乙方月基本工资_____元，绩效工资计发办法为_____。

4.约定的其他方式_____。

第九条　乙方在试用期期间的工资计发标准为＿＿＿＿＿＿＿＿＿＿＿＿＿或＿＿＿＿＿＿元。

第十条　甲方不得克扣用工单位按照劳务派遣协议支付给被派遣劳动者的劳动报酬。乙方从甲方获得的工资依法承担的个人所得税由甲方从其工资中代扣代缴。

第十一条　甲方未能安排乙方工作或者被用工单位退回期间，甲方应按照不低于甲方所在地最低工资标准按月向乙方支付报酬。

第十二条　甲方应当要求用工单位对乙方实行与用工单位同类岗位的劳动者相同的劳动报酬分配办法，向乙方提供与工作岗位相关的福利待遇。用工单位无同类岗位劳动者的，参照用工单位所在地相同或者相近岗位劳动者的劳动报酬确定。

第十三条　甲方应当要求用工单位合理确定乙方的劳动定额。用工单位连续用工的，甲方应当要求用工单位对乙方实行正常的工资调整机制。

五、社会保险

第十四条　甲乙双方依法在用工单位所在地参加社会保险。甲方应当按月将缴纳社会保险费的情况告知乙方，并为乙方依法享受社会保险待遇提供帮助。

第十五条　如乙方发生工伤事故，甲方应当会同用工单位及时救治，并在规定时间内，向人力资源社会保障行政部门提出工伤认定申请，为乙方依法办理劳动能力鉴定，并为其享受工伤待遇履行必要的义务。甲方未按规定提出工伤认定申请的，乙方或者其近亲属、工会组织在事故伤害发生之日或者乙方被诊断、鉴定为职业病之日起1年内，可以直接向甲方所在地人力资源社会保障行政部门提请工伤认定申请。

六、职业培训和劳动保护

第十六条　甲方应当为乙方提供必需的职业能力培训，在乙方劳务派遣期间，督促用工单位对乙方进行工作岗位所必需的培训。乙方应主动学习，积极参加甲方和用工单位组织的培训，提高职业技能。

第十七条　甲方应当为乙方提供符合国家规定的劳动安全卫生条件和必要的劳动保护用品，落实国家有关女职工、未成年工的特殊保护规定，并在乙方劳务派遣期间督促用工单位执行国家劳动标准，提供相应的劳动条件和劳动保护。

第十八条　甲方如派遣乙方到可能产生职业危害的岗位，应当事先告知乙方。甲方应督促用工单位依法告知乙方工作过程中可能产生的职业病危害及其后果，对乙方进行劳动安全卫生教育和培训，提供必要的职业危害防护措施和待遇，预防劳动过程中的事故，减少职业危害，为劳动者建立职业健康监护档案，在乙方上岗前、派遣期间、离岗时对乙方进行职业健康检查。

第十九条　乙方应当严格遵守安全操作规程，不违章作业。乙方对用工单位管理人员违章指挥、强令冒险作业，有权拒绝执行。

七、劳动合同的变更、解除和终止

第二十条　甲乙双方应当依法变更劳动合同，并采取书面形式。

第二十一条　因乙方派遣期满或出现其他法定情形被用工单位退回甲方的，甲方可以对其重新派遣，对符合法律法规规定情形的，甲方可以依法与乙方解除劳动合同。乙方同意重新派遣的，双方应当协商派遣单位、派遣期限、工作地点、工作岗位、工作时间和劳动报酬等内容，并以书面形式变更合同相关内容；乙方不同意重新派遣的，依照法律法规有关规定执行。

第二十二条　甲乙双方解除或终止本合同，应当按照法律法规规定执行。甲方应在解除或者终止本合同时，为乙方出具解除或者终止劳动合同的证明，并在十五日内为乙方办理档案和社会保险关系转移手续。

第二十三条　甲乙双方解除或终止本合同的，乙方应当配合甲方办理工作交接手续。甲方依法应向乙方支付经济补偿的，在办结工作交接时支付。

八、劳动争议处理

第二十四条　甲乙双方因本合同发生劳动争议时，可以按照法律法规的规定，进行协商，申请调解或仲裁。对仲裁裁决不服的，可以依法向有管辖权的人民法院提起诉讼。

第二十五条　用工单位给乙方造成损害的，甲方和用工单位承担连带赔偿责任。

九、其他

第二十六条　本合同中记载的乙方联系电话、通信地址为劳动合同期内通知相关事项和送达书面文书的联系方式、送达地址。如发生变化，乙方应当及时告知甲方。

第二十七条　双方确认：均已详细阅读并理解本合同内容，清楚各自的权利、义务。本合同未尽事宜，按照有关法律法规和政策规定执行。

第二十八条　本劳动合同一式（　　　）份，双方至少各执一份，自签字（盖章）之日起生效，双方应严格遵照执行。

甲方（盖章）　　　　　　　　　　　　乙方（签字）
法定代表人（主要负责人）
或委托代理人（签字或盖章）
　　年　　月　　日　　　　　　　　　年　　月　　日

附件1

续订劳动合同

经甲乙双方协商同意，续订本合同。

一、甲乙双方按以下第____种方式确定续订合同期限。

1. 固定期限：自_____年____月____日起至_____年____月____日止。

2. 无固定期限：自_____年____月____日起至依法解除或终止劳动合同时止。

二、双方就有关事项约定如下。

1._____。

2._____。

3._____。

三、除以上约定事项外，其他事项仍按照双方于_____年____月____日签订的劳动合同中的约定继续履行。

甲方（盖章）　　　　　　　　　乙方（签字）

法定代表人（主要负责人）

或委托代理人（签字或盖章）

　年　　月　　日　　　　　　　年　　月　　日

附件2

变更劳动合同

一、经甲乙双方协商同意,自_____年____月____日起,对本合同做如下变更。

1._____。

2._____。

3._____。

二、除以上约定事项外,其他事项仍按照双方于_____年____月____日签订的劳动合同中的约定继续履行。

甲方(盖章)   乙方(签字)
法定代表人(主要负责人)
或委托代理人(签字或盖章)

    年   月   日   年   月   日

二、劳动合同的订立

1. 订立合同的原则

《劳动合同法》第三条明确规定订立劳动合同,应当遵循图 4-3 所示的原则。

图 4-3　订立劳动合同应遵循的原则

2. 签订时要尽告知义务

《劳务派遣暂行规定》第八条第一款规定劳务派遣单位应当如实告知被派遣劳动者《劳动合同法》第八条规定的事项、应遵守的规章制度以及劳务派遣协议的内容。

《劳动合同法》第八条明确规定用人单位在招用劳动者时，应当如实告知劳动者如图 4-4 所示的内容；用人单位有权了解劳动者与劳动合同直接相关的基本情况，劳动者应当如实说明。

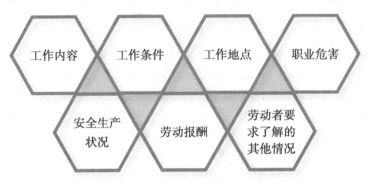

图 4-4 用人单位应当如实告知劳动者的内容

这些内容是法定并且无条件的，无论派遣员工是否提出知悉要求，劳务派遣机构都应当主动如实向派遣员工说明。除此之外，对于派遣员工要求了解的其他情况，如劳务派遣机构相关的规章制度，包括内部的各种劳动纪律、规定、考勤制度、休假制度、请假制度、处罚制度，用工单位的相关情况等，劳务派遣机构都应当予以详细的说明。

《劳动合同法》第六十条也规定劳务派遣单位应当将劳务派遣协议的内容告知被派遣劳动者。

3. 劳动合同的期限

《劳务派遣暂行规定》第五条规定："劳务派遣单位应当依法与被派遣劳动者订立 2 年以上的固定期限书面劳动合同。"

固定期限劳动合同，是指用人单位与劳动者约定合同终止时间的劳动合同。

4. 劳动合同的生效

《劳动合同法》第十六条规定："劳动合同由用人单位与劳动者协商一致，并经用人单位与劳动者在劳动合同文本上签字或者盖章生效。"

5. 劳动合同文本的留存

劳动合同文本应当由劳务派遣机构和派遣员工各执一份，劳务派遣机构不得以种种理由拒绝将属于派遣员工本人的劳动合同归还员工，这种做法直接侵害了员工的合法权益，是不合法的。

6. 避免签订无效的劳动合同

《劳动合同法》第二十六条规定无效或者部分无效的劳动合同如图 4-5 所示。

1. 以欺诈、胁迫的手段或者乘人之危，使对方在违背真实意思的情况下订立或者变更劳动合同的
2. 用人单位免除自己的法定责任、排除劳动者权利的
3. 违反法律、行政法规强制性规定的

图 4-5　无效或者部分无效劳动合同

对劳动合同的无效或者部分无效有争议的，由劳动争议仲裁机构或者人民法院确认。

三、劳动合同的履行

劳务派遣机构与派遣员工应当按照劳动合同的约定，全面履行各自的义务。

《劳务派遣暂行规定》第八条明确规定劳务派遣单位应当对被派遣劳动者履行图 4-6 所示的义务。

义务一	如实告知被派遣劳动者《劳动合同法》第八条规定的事项、应遵守的规章制度以及劳务派遣协议的内容
义务二	建立培训制度，对被派遣劳动者进行上岗知识、安全教育培训
义务三	按照国家规定和劳务派遣协议约定，依法支付被派遣劳动者的劳动报酬和相关待遇
义务四	按照国家规定和劳务派遣协议约定，依法为被派遣劳动者缴纳社会保险费，并办理社会保险相关手续
义务五	督促用工单位依法为被派遣劳动者提供劳动保护和劳动安全卫生条件
义务六	依法出具解除或者终止劳动合同的证明
义务七	协助处理被派遣劳动者与用工单位的纠纷
义务八	法律、法规和规章规定的其他事项

图 4-6　劳务派遣单位应当对被派遣劳动者履行的义务

四、劳动合同的解除或终止

1. 被派遣员工提出解除劳动合同

《劳务派遣暂行规定》第十四条规定："被派遣劳动者提前30日以书面形式通知劳务派遣单位，可以解除劳动合同。被派遣劳动者在试用期内提前3日通知劳务派遣单位，可以解除劳动合同。劳务派遣单位应当将被派遣劳动者通知解除劳动合同的情况及时告知用工单位。"

2. 劳务派遣单位提出解除劳动合同

《劳务派遣暂行规定》第十五条规定："被派遣劳动者因本规定第十二条规定被用工单位退回，劳务派遣单位重新派遣时维持或者提高劳动合同约定条件，被派遣劳动者不同意的，劳务派遣单位可以解除劳动合同。

被派遣劳动者因本规定第十二条规定被用工单位退回，劳务派遣单位重新派遣时降低劳动合同约定条件，被派遣劳动者不同意的，劳务派遣单位不得解除劳动合同，但被派遣劳动者提出解除劳动合同的除外。"

《劳务派遣暂行规定》第十二条明确规定有图4-7所示情形之一的，用工单位可以将被派遣劳动者退回劳务派遣单位。

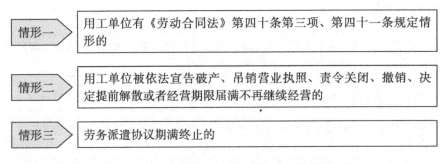

图4-7 用工单位可以将被派遣劳动者退回的情形

被派遣劳动者被用工单位退回后，劳务派遣单位应区分情形依法妥善处理与被派遣劳动者的劳动关系。

一类是，被派遣劳动者有《劳动合同法》第三十九条和第四十条第一项、第二项规定情形的，劳务派遣单位依照《劳动合同法》第六十五条第二款的规定可以与被派遣劳动者解除劳动合同。

另一类是，用工单位以《劳务派遣暂行规定》第十二条规定的情形将被派遣劳动者退回劳务派遣单位，如劳务派遣单位重新派遣时维持或者提高劳动合同约定条件，劳动者不同意的，劳务派遣单位可以解除劳动合同；如劳务派遣单位重新派遣时降低劳动合同约定条件，劳动者不同意的，劳务派遣单位不得解除劳动合同。

3. 劳动合同终止的情形

《劳务派遣暂行规定》第十六条规定："劳务派遣单位被依法宣告破产、吊销营业执照、责令关闭、撤销、决定提前解散或者经营期限届满不再继续经营的，劳动合同终止。用工单位应当与劳务派遣单位协商妥善安置被派遣劳动者。"

4. 经济补偿金的支付

《劳务派遣暂行规定》第十七条规定："劳务派遣单位因劳动合同法第四十六条或者本规定第十五条、第十六条规定的情形，与被派遣劳动者解除或者终止劳动合同的，应当依法向被派遣劳动者支付经济补偿。"

相关链接

《劳动合同法》关于经济补偿金的规定

第四十六条　有下列情形之一的，用人单位应当向劳动者支付经济补偿。

（一）劳动者依照本法第三十八条规定解除劳动合同的。

（二）用人单位依照本法第三十六条规定向劳动者提出解除劳动合同并与劳动者协商一致解除劳动合同的。

（三）用人单位依照本法第四十条规定解除劳动合同的。

（四）用人单位依照本法第四十一条第一款规定解除劳动合同的。

（五）除用人单位维持或者提高劳动合同约定条件续订劳动合同，劳动者不同意续订的情形外，依照本法第四十四条第一项规定终止固定期限劳动合同的。

（六）依照本法第四十四条第四项、第五项规定终止劳动合同的。

（七）法律、行政法规规定的其他情形。

第四十七条　经济补偿按劳动者在本单位工作的年限，每满一年支付一个月工资的标准向劳动者支付。六个月以上不满一年的，按一年计算；不满六个月的，向劳动者支付半个月工资的经济补偿。

劳动者月工资高于用人单位所在直辖市、设区的市级人民政府公布的本地区上年度职工月平均工资三倍的，向其支付经济补偿的标准按职工月平均工资三倍的数额支付，向其支付经济补偿的年限最高不超过十二年。

本条所称月工资是指劳动者在劳动合同解除或者终止前十二个月的平均工资。

第四十八条　用人单位违反本法规定解除或者终止劳动合同，劳动者要求继续履行劳动合同的，用人单位应当继续履行；劳动者不要求继续履行劳动合同或者劳动合同已经不能继续履行的，用人单位应当依照本法第八十七条规定支付赔偿金。

第五十条　用人单位应当在解除或者终止劳动合同时出具解除或者终止劳动合同的证明，并在十五日内为劳动者办理档案和社会保险关系转移手续。

劳动者应当按照双方约定，办理工作交接。用人单位依照本法有关规定应当向劳动者支付经济补偿的，在办结工作交接时支付。

用人单位对已经解除或者终止的劳动合同的文本，至少保存两年备查。

第八十七条　用人单位违反本法规定解除或者终止劳动合同的，应当依照本法第四十七条规定的经济补偿标准的两倍向劳动者支付赔偿金。

第二节 派遣协议

一、劳务派遣协议的签订主体

《劳动合同法》第五十九条规定："劳务派遣单位派遣劳动者应当与接受以劳务派遣形式用工的单位（以下称用工单位）订立劳务派遣协议。"

由此可见，订立劳务派遣协议的主体是派遣单位与用工单位。

> **小提示**
>
> 用工单位应当根据工作岗位的实际需要与劳务派遣单位确定派遣期限，不得将连续用工期限分割订立数个短期劳务派遣协议。

二、劳务派遣协议的内容

《劳务派遣协议》作为有法律效力的文件，对于派遣公司来说是一种法律保护，它不仅规定了双方的权利、义务和责任，同时还对双方可能产生的问题进行详细的规定。因此，劳务派遣机构与用工单位一定要签订合法合规的《劳务派遣协议》。

《劳务派遣暂行规定》第七条明确规定劳务派遣协议应当载明图4-8所示的内容。

```
┌─────────────────────────────┐
│ ·派遣的工作岗位名称和岗位性质  │
│ ·工作地点                    │╲
│ ·派遣人员数量和派遣期限       │ ╲  ┌──────────────────────────┐
│ ·按照同工同酬原则确定的劳动报  │  │ ·劳动安全卫生以及培训事项   │
│  酬数额和支付方式            │  │ ·经济补偿等费用            │
│ ·社会保险费的数额和支付方式    │  │ ·劳务派遣协议期限          │
│ ·工作时间和休息休假事项       │  │ ·劳务派遣服务费的支付方式和 │
│ ·被派遣劳动者工伤、生育或者   │ ╱  │  标准                     │
│  患病期间的相关待遇          │╱   │ ·违反劳务派遣协议的责任     │
└─────────────────────────────┘    │ ·法律、法规、规章规定应当纳 │
                                    │  入劳务派遣协议的其他事项   │
                                    └──────────────────────────┘
```

图 4-8　劳务派遣协议应当载明的内容

三、规避劳务派遣协议的风险

派遣协议是劳务派遣服务的法律合同,是明确劳务派遣责、权、利的法律依据,这些约定不仅指导派遣服务的实际执行,同时还能为服务过程中的细节问题提供解决的依据。除了上述法律明文规定外,劳务派遣单位可针对自身现状,将相关要点在协议中予以明确,以避免不必要的法律纠纷。

1. 发生工伤事故后的赔偿责任

有些劳务派遣单位的客户是重装备企业,派遣员工在这类企业的生产一线工作发生工伤的概率是相对较大的,这对于劳务派遣单位来说一旦开始派遣员工必须立即予以缴纳社保以便享受工伤保险待遇,这就涉及两个问题。

其一,工伤待遇的申领有一定的延后性,劳务派遣单位必须在前期的治疗中先予以垫付,就产生了由劳务派遣单位还是用工单位先行垫付的问题。

其二,对于较严重的工伤,由于很多用药是自费的,是工伤保险无法报销的,垫付金额与报销费用之间的差额双方如何承担。

因此,对于这些问题必须在派遣协议中约定清楚,如果约定不明,一旦发生工伤,用工单位若不愿给付,作为劳动合同关系一方的劳务派遣单位将陷于被动的地位,派遣服务费收入很可能无法弥补工伤垫付费用。

2. 劳动合同解除或终止后的经济补偿责任

按照《劳动合同法》规定,由于非劳动者的原因,劳务派遣单位单方解除或终止劳动合同必须给予劳动者经济补偿。用工单位效益不好就有可能减少派遣员工以降低人工成本。一旦发生这种情况,意味着劳动者将被退回给劳务派遣单位。劳务派遣单位如果无法为其再次派遣安排工作,则只能解除劳动合同,承担相应的经济赔偿,无疑增加了派遣单位的风险。

因此,必须在派遣协议中严格限定用工单位随意将员工退回给派遣公司,并且明确一旦退回后经济补偿的支付主体应为用工单位以降低赔付风险。

3. 管理责任

由于派遣员工时虽然劳动关系是与劳务派遣单位建立的,但由于其实际工作地点为用工单位,劳务派遣单位很难去实际履行对于派遣员工的管理,对于派遣员工的大部分日常管理职责只能由用工单位承担。在实际情况中,有些用人单位为降低管理成本,追求短期效益,疏于对派遣员工的管理。一旦派遣员工在工作中出现了差错,给用工单位造成了损失,用工单位有可能会向劳务派遣单位追究责任。

因此,在派遣协议中必须明确用工单位作为派遣员工劳动力价值的受益方,必须在派遣员工工作期间担负起实际的管理责任,并承担后果。

此外,派遣单位还应与用工单位就派遣服务的终止条件、终止后的遗留问题解决方式及责任划分进行约定,避免在劳务派遣服务结束后,因遗留问题造成派遣员工群体争议风险的出现。

下面提供一份劳务派遣协议的范本,仅供参考。

范本

劳务派遣协议

甲方(劳务派遣单位):

单位全称:＿＿＿＿＿＿＿＿＿＿＿＿＿＿＿＿＿

单位现详细地址:＿＿＿＿＿＿＿＿＿＿＿＿＿＿＿

经济类型:＿＿＿＿＿＿＿＿＿ 法定代表人:＿＿＿＿＿＿＿＿

营业执照号码:＿＿＿＿＿＿＿ 组织机构代码证号码:＿＿＿＿＿

派遣备案登记证号码:＿＿＿＿＿ 劳动用工备案手册编号:＿＿＿＿＿

开户行:＿＿＿＿＿＿＿＿＿＿ 账号:＿＿＿＿＿＿＿＿＿＿＿

邮编:＿＿＿＿＿＿＿＿＿＿＿ 联系电话:＿＿＿＿＿＿＿＿＿

乙方(使用被派遣劳动者的用工单位):＿＿＿＿＿＿＿＿＿

单位全称:＿＿＿＿＿＿＿＿＿＿＿＿＿＿＿＿＿

单位现详细地址：＿＿＿＿＿＿＿＿＿＿＿＿＿＿＿＿＿＿＿＿＿＿＿

经济类型：＿＿＿＿＿＿＿＿＿　　行业类别：＿＿＿＿＿＿＿＿＿

法定代表人：＿＿＿＿＿＿＿＿　劳动用工备案手册编号：＿＿＿＿＿

营业执照号码：＿＿＿＿＿＿　　组织机构代码证号码：＿＿＿＿＿＿

开户行：＿＿＿＿＿＿＿＿＿＿　账号：＿＿＿＿＿＿＿＿＿＿＿＿

邮编：＿＿＿＿＿＿＿＿＿＿＿　联系电话：＿＿＿＿＿＿＿＿＿＿

根据《中华人民共和国劳动法》《中华人民共和国劳动合同法》《吉林省劳动合同条例》《吉林省劳务派遣管理办法》等有关法律法规和政策规定，甲乙双方遵循合法公正、平等自愿、诚实信用的原则，经协商一致，建立劳务派遣合作关系，签订本协议。甲乙双方应按照本协议的约定，全面履行各自的义务。

一、协议期限

第一条　本协议自＿＿＿＿年＿＿月＿＿日起至＿＿＿＿年＿＿月＿＿日止。

二、派遣人员数量、条件

第二条　甲方按照乙方要求从＿＿＿＿年＿＿月＿＿日起派＿＿名劳务派遣人员到乙方工作，工作地点在＿＿＿＿＿＿市（州）＿＿＿＿＿＿县（市、区）。具体人员以"劳务派遣人员名册"为准。

第三条　劳务派遣人员应当符合以下条件。

＿＿＿＿＿＿＿＿＿＿＿＿＿＿＿＿＿＿＿＿＿＿＿＿＿＿＿＿＿＿＿＿

＿＿＿＿＿＿＿＿＿＿＿＿＿＿＿＿＿＿＿＿＿＿＿＿＿＿＿＿＿＿＿＿

＿＿＿＿＿＿＿＿＿＿＿＿＿＿＿＿＿＿＿＿＿＿＿＿＿＿＿＿＿＿＿＿

第四条　乙方应当协助甲方制定"劳务派遣人员名册"，由甲乙双方签字、盖章，作为本协议的附件。

三、劳务派遣费用及支付方式

第五条　本协议所称劳务派遣费用是指乙方支付给甲方的劳务派遣人员劳动报酬、社会保险费用、福利费用、管理服务费和＿＿＿＿＿＿＿＿＿＿。

第六条　乙方向甲方支付的管理服务费按以下第＿＿＿种方式选择。

（一）按每名劳务派遣人员实际月工资额的＿＿＿％计算。

（二）按每名劳务派遣人员每月＿＿＿＿＿＿元计算。

第七条　劳务派遣人员在乙方工作不超过半个月的，管理服务费按半月计算；工作超过半个月、不满一个月的，按一个月计算。

第八条 乙方于每月____日前将劳务派遣费用支付给甲方。甲方在每月____日前以银行卡的形式将工资及时足额支付给劳务派遣人员，并按规定及时足额向社会保险经办机构缴纳劳务派遣人员社会保险费用。

第九条 乙方协助甲方制定"劳务派遣人员工资报酬及社会保险明细表"，经甲乙双方确认后按约定执行。

四、甲方的权利、责任和义务

第十条 本协议签订前，甲方有权查看乙方经人力资源和社会保障行政部门核准的"使用劳务派遣用工核定表"。

第十一条 本协议签订后，甲方应当按规定及时到人力资源和社会保障行政部门办理劳务派遣业务备案手续。

第十二条 甲方按照乙方提出的条件负责招录劳务派遣人员。

第十三条 甲方依法与劳务派遣人员订立劳动合同，负责劳务派遣人员劳动合同的管理工作，并到人力资源和社会保障部门办理劳动用工备案手续。

第十四条 甲方在乙方协助下，负责接收或为劳务派遣人员建立资料完备的职工档案，并妥善保管。甲方与劳务派遣人员解除或终止劳动合同后，应按规定及时为劳务派遣人员办理社会保险转移和档案移交手续。

第十五条 甲方依法维护劳务派遣人员的合法权益，乙方有侵害劳务派遣人员合法权益行为时，甲方有权要求乙方及时予以纠正。

第十六条 甲方应当按照本协议第八条、第九条的约定，做好劳务派遣人员的工资支付、社会保险费缴纳等各项服务工作。不得克扣和拖欠劳务派遣人员的劳动报酬和应缴纳的社会保险费等费用。

第十七条 甲方根据乙方要求，提供相关人力资源和社会保障方面的有关政策咨询服务，做好劳务派遣人员上岗前的各项服务工作。

第十八条 甲方在劳务派遣人员派出期间，不得为劳务派遣人员安排其他工作，未经乙方同意，不得随意撤回或调换人员。

第十九条 劳务派遣人员发生工伤事故时，甲方在乙方的协助下负责办理劳务派遣人员工伤事故申请、工伤认定、鉴定、工伤保险赔付手续及工伤档案管理等工作，有关材料乙方应积极配合提供。

第二十条 因劳务派遣人员责任，给乙方造成经济损失的，甲方应协助乙方向劳务派遣人员进行索赔。

第二十一条 甲方应当定期到乙方了解劳务派遣人员的思想动态、工作表现、遵守规章制度等情况，乙方应当给予积极配合和支持。

第二十二条　甲方有权依法追究乙方不履行本协议约定的违约责任。

五、乙方权利、责任和义务

第二十三条　本协议签订前，乙方应当向甲方提供经人力资源和社会保障行政部门核准的"使用劳务派遣用工核定表"。

第二十四条　乙方应当制定符合法律法规规定的规章制度，并事先向劳务派遣人员告知，有权按照规章制度对劳务派遣人员进行管理和考核。

第二十五条　乙方应当为劳务派遣人员提供符合法律法规规定的工作场所、工作条件和劳动保护、劳动工具，并负责劳务派遣人员初次上岗前的安全生产、工作内容、操作规程、企业规章制度等培训和教育，负责劳务派遣人员的日常管理工作。

第二十六条　乙方安排劳务派遣人员在实行特殊工时制度岗位上工作的，应当提供经人力资源和社会保障行政部门审核批准允许其实行特殊工时制度的文件，并事先与甲方和劳务派遣人员协商一致，制定"在实行特殊工时制度岗位上工作的劳务派遣人员名册"，明确实行特殊工时制度的岗位、派遣期限、综合计算工时的周期等，作为本协议的附件。

第二十七条　乙方有权根据工作需要在约定的工作范围内调整劳务派遣人员的具体工作岗位，并及时通知甲方。

第二十八条　乙方应当按照本协议第八条、第九条的约定，及时、足额将劳务派遣费用拨付给甲方，不得克扣和拖延。

第二十九条　乙方应当按照国家和省有关规定，对劳务派遣人员实行正常的工资增长机制，工资增长部分的费用由乙方承担。

第三十条　乙方应当安排劳务派遣人员严格执行国家规定的工作时间和休息、休假制度。安排劳务派遣人员加班、从事夜班工作或在高温条件下工作，应当按照有关法律、法规和政策规定，支付劳务派遣人员的加班费、夜班津贴和高温津贴。

第三十一条　乙方有权监督、查阅甲方与劳务派遣人员订立劳动合同、为劳务派遣人员支付劳动报酬和缴纳社会保险费等情况。

第三十二条　劳务派遣人员在派出期间出现违规违纪行为或其他意外事件，乙方应当及时与甲方进行沟通，并协商妥善处理。

第三十三条　劳务派遣人员在派出期间受到事故伤害或者患职业病的，乙方应及时将其送到医疗机构抢救治疗，并积极协助甲方，按照《工伤保险条例》及相关政策规定妥善处理，积极配合提供有关资料。

甲方按规定已为劳务派遣人员上工伤保险，但在未生效期间发生工伤的，由乙方负责处理，并承担相关费用。

第三十四条　因劳务派遣人员责任,给乙方造成经济损失的,乙方有权向劳务派遣人员索要赔偿,甲方应当积极配合处理。

第三十五条　乙方有权依法追究甲方不履行本协议约定的违约责任。

六、特别约定

第三十六条　劳务派遣人员有《劳动合同法》第三十九条和第四十条第一项、第二项规定情形的,乙方出具相应的情况说明并与甲方沟通后有权将其退回甲方。

第三十七条　劳务派遣人员在派遣期间有《劳动合同法》第四十二条情形之一的,乙方不得将其退回,派遣期应当续延至相应的情形消失时终止,并应当支付相关费用。

劳务派遣人员在派遣期间患职业病或者因工负伤并确认丧失或者部分丧失劳动能力的,其在乙方服务期的终止以及与甲方签订的劳动合同的终止,按照国家有关工伤保险的规定执行。

第三十八条　劳务派遣人员在派出期间受到事故伤害或者患职业病的,抢救治疗费用先由乙方垫付,工伤补偿后再对医疗费用进行结算。超出工伤保险基金支付的医疗费用由方支付。

第三十九条　甲方与劳务派遣人员依法解除或终止劳动合同按规定应当支付经济补偿的,其经济补偿金由_____方承担。

第四十条　乙方未履行对劳务派遣人员的义务,或者因乙方原因出现《劳动合同法》第三十八条情形,致使劳务派遣人员提出解除劳动合同的,由乙方承担用人单位的责任和义务。

第四十一条　劳务派遣人员要求提前解除在乙方的服务期限,应当提前30日以书面形式分别通知甲乙双方,经其与甲乙双方协商一致后,乙方将其退回甲方后,甲方与其办理解除劳动合同手续。

第四十二条　乙方延迟向甲方支付劳务派遣费用,每延迟一日,乙方应当按应付款的1‰向甲方支付违约金,由此造成的相应后果由乙方承担。

第四十三条　因甲方原因,未按约定及时足额支付劳务派遣人员劳动报酬、缴纳社会保险费,由此产生相应后果,由甲方承担。

第四十四条　按国家和省有关社会保险政策规定,每年度需重新核定社会保险缴费基数或者按有关政策规定进行调整时,乙方应当协助甲方重新制定或调整"劳务派遣人员工资报酬及社会保险明细表",经甲乙双方确认后按约定执行。

第四十五条　本协议履行期间,如遇不可抗拒因素致使协议无法继续履行的,甲乙双方应协商妥善解决。

> 第四十六条 本协议履行期间，若甲乙双方或一方变更名称、法定代表人或者主要负责人、投资人等事项，不影响本协议履行；若甲乙双方或一方发生合并或分立等情况，本协议继续有效，由承继单位继续履行。
>
> 第四十七条 本协议履行期间，变更涉及劳务派遣人员切身利益的条款，甲乙双方应当协商一致，并征得劳务派遣人员同意后，并采取书面形式确定。
>
> 第四十八条 甲乙双方约定的其他事项。
>
> _____
>
> _____
>
> _____
>
> 第四十九条 本协议未尽事宜，法律法规有明确规定的，从其规定；法律法规没有明确规定的，由甲乙双方协商解决。
>
> 第五十条 经甲乙双方协商一致，可以签订《劳务派遣补充协议》，作为本协议的附件。补充协议及附件作为本协议的重要组成部分，具有同等法律效力。
>
> 第五十一条 劳务派遣人员对甲乙双方任何一方提起劳动仲裁和诉讼的，甲乙双方均应当积极配合有关机构协调解决，并依法承担相应的责任。
>
> 第五十二条 本协议一式三份，甲乙双方各执一份，报人力资源和社会保障行政部门备案一份。经甲乙双方签字盖章后生效。
>
> 甲方（盖章）　　　　　　　　乙方（盖章）
> 法定代表人　　　　　　　　　法定代表人
> 或委托代理人（签字盖章）　　或委托代理人（签字盖章）
>
> 　年　　月　　日　　　　　　年　　月　　日

四、派遣协议的解除

派遣协议一旦签字盖章就生效了，要解除，就得按法律规定的合同解除的条件来执行。而在实践中，派遣协议的解除一般由双方协商解除。协议解除的条件是双方当事人协商一致解除原合同关系。其实质是在原合同当事人之间重新成立了一个合同，其主要内容为废弃双方原合同关系，使双方基于原合同发生的债权债务归于消灭。

下面提供一份解除劳务派遣协议的范本，仅供参考。

范本

终止劳务派遣服务协议书

甲方：××劳务派遣公司

乙方：××集团

经双方平等协商，就终止于2019年1月23日签订的《劳务派遣服务协议》达成如下协议。

一、自2020年2月1日起双方终止《劳务派遣服务协议》，甲方劳务派遣服务期限至2021年3月31日。

二、甲方自2021年4月1日起解除与派遣至乙方工作人员的劳动合同，该部分劳务人员由乙方整体接收安排工作，建立劳动关系。

三、甲方因终止双方合作协议而解除与派遣至乙方工作人员劳动合同的，乙方承担该部分与乙方续签劳动合同的派遣员工在派遣期间的经济补偿金。

四、乙方应将2021年3月31日前劳务人员的养老保险费、失业保险费、工伤保险费、劳务管理费在本协议签订后7日内支付给甲方，甲方在收到上述款项后，按时将员工的社保费补缴至2021年3月31日，从4月1日起由乙方与其建立社保关系。

五、本协议一式四份，双方各执两份。

甲方：（盖章）　　　　　　　　　乙方：（盖章）

甲方法定代表人：　　　　　　　　乙方法定代表人：

甲方委托代理人：　　　　　　　　乙方委托代理人：

　　年　月　日　　　　　　　　　　年　月　日

第五章
劳务派遣风险管理

第一节
劳务派遣风险管理认知

一、劳务派遣风险的成因

劳务派遣风险产生的原因主要有图 5-1 所示的几点。

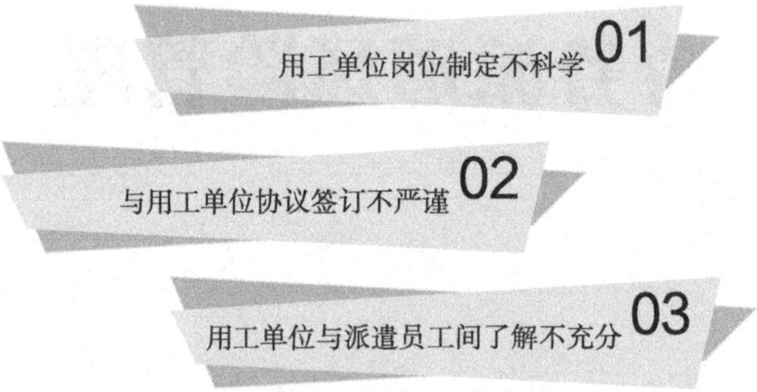

01 用工单位岗位制定不科学

02 与用工单位协议签订不严谨

03 用工单位与派遣员工间了解不充分

图 5-1 劳务派遣风险的成因

1. 用工单位岗位制定不科学

用工单位在制定劳务派遣岗位时，没有充分地分析岗位的工作量及人员的需求量，从而制定详细的岗位说明书。用工单位和劳务派遣单位叙述不清，劳务派遣单位也很难精准把握岗位特征，盲目按照用工单位所要求的标准进行操作，就给自身造成极大困扰。

2. 与用工单位协议签订不严谨

如果双方在签订合同的过程中，没有考虑到各类事件的发生及可能带来的各方面问题，将会给劳务派遣风险的发生埋下伏笔。一方面用工单位会出现一些口头承诺的情况，事先答应劳务派遣单位在派遣过程中所出现的问题会积极应对，属于自己的责任会承担，出现赔偿情况也会全额赔偿。但在合作后会不会兑现承诺就不得而知了，没有在协议上清楚划分双方各自的权利和义务，如若出现问题在法律责任上劳务派遣单位就会承担较高风险，由于劳务派遣单位是和派遣员工签订劳动合同的主体，严重时会依法承担全责。

3. 用工单位与派遣员工间了解不充分

如果派遣员工在上岗前只对用工单位与职位有初步的了解，而对用工单位的组织架构、企业文化、管理模式等没有充分认知，就会导致派遣员工进入用工单位工作后，才能对用工单位产生逐步的认识。若派遣员工能良好地适应工作，用工单位对于派遣员工的工作也同样认可，则派遣成功；若员工不能适应工作，或者用工单位认为该派遣员工不适合在本单位工作，那就会造成人才流失，从而提高劳务派遣单位的人工成本。

二、劳务派遣风险的特征

对于劳务派遣单位来说，劳务派遣业务主要是经济风险及法律风险，这些风险与劳务派遣单位的业务流程及内部管理、用工单位、派遣员工都紧密联系，具有图 5-2 所示的几个特征。

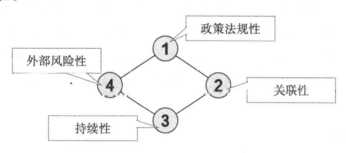

图 5-2　劳务派遣风险的特征

1. 政策法规性

劳务派遣单位的运营受到政策法规的极大影响。在日常服务流程中，劳务派遣单位从事的多是劳务合同签订、管理制度制定、社保福利缴纳及发放、用工手续及人事档案的办理这些事务性的工作，这些烦琐的工作无不与各种政策、法规相关，影响着劳务派遣单位的合法性。

可见，劳务派遣单位的运营除要遵守一般的企业规章制度外，还有诸如《中华人民共和国劳动法》(以下简称《劳动法》)、《中华人民共和国劳动合同法》(以下简称《劳动合同法》)、各地社会保险条例、住房公积金条例、工资条例、招用工政策、人事档案管理政策等所有与人事管理相关的规定都需要熟知且严格遵守。因而，劳务派遣单位日常运营中的风险具有明显的政策法规性。

2. 关联性

劳务派遣单位在项目运行中的风险与用工单位、派遣员工有着千丝万缕的关联性。

（1）与用工单位的关联性。如果用工单位使用劳务派遣的目的只是为了不顾一切地规避风险和降低成本，那就会逼迫劳务派遣单位在协议中承担各种不规范操作导致的风险。还有的用工单位资金流动不畅，会利用劳务派遣单位垫资来解决其资金周转问题。用工单位的用工条件恶劣，不能善待派遣员工，就会产生很多劳动纠纷。

（2）与派遣员工的关联性。派遣员工的素质对劳务派遣单位也有直接影响，素质低的派遣员工容易被用工单位辞退，并很难再次派遣出去，劳务派遣单位就得承受其在无工作时期的最低工资和保险待遇。

3. 持续性

《劳动合同法》规定劳务派遣单位与派遣员工至少签订两年以上的劳动合同，因此劳务派遣单位一般会与用工单位签订不少于两年的劳务派遣协议。在两年的时间里，劳务派遣单位为实现与用工单位稳定的合作关系，与派遣员工保持良好持久的用人关系，要对用工单位和派遣员工负责，为其解决如岗前培训、劳动合同管理、工伤生育待遇申报、薪资福利管理、劳动纠纷协商、人事档案管理、入职离职手续办理等工作。随着派遣期限的延长，项目的各项工作也随之延长，并在项目过程中始终保持高效便捷的服务，应对各种突发事件。因此，在劳务派遣项目中，劳务派遣单位的风险有着持续性。

4. 外部风险性

劳务派遣外部风险主要是指政治、经济环境的变化，当经济衰退时，用工单位会首先想到裁员、降薪，或降低支付给劳务派遣单位的服务费等方式度过困难时期，这就会对劳务派遣单位造成直接而巨大的损失。而当经济好转时，就业率上升，政府相关政策可能又偏向派遣员工就业保护方面，对劳务派遣单位的操作加以严格规范，捆绑了其业务发展手脚。因此，外部风险对于劳务派遣单位有着不可小视的影响。

三、劳务派遣风险管理流程

派遣业务风险管理是劳务派遣单位的一种管理行为，应包含风险识别、风险评估、风险评价、风险控制和效果评估等内容，是为了预防风险、有效控制风险和降低风险损失的一系列连续有效的管理过程，如图5-3所示。

派遣业务风险管理流程不是一个单项的过程，而是一个互相影响、不断改进、不断循环、不断创新的过程。

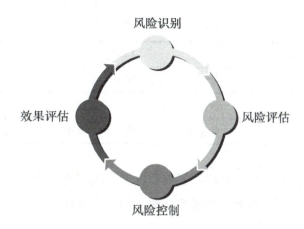

图 5-3　劳务派遣业务风险管理全过程

1.风险识别

劳务派遣业务风险识别是风险管理的起始环节,指针对派遣业务面临的和潜在的风险进行系统的查找加以判断、归纳和鉴定风险性质的过程。劳务派遣业务面对的风险是多种多样的,对于这些风险在一定时期和某一特定条件下是否客观存在,存在的条件是什么,以及损害发生的可能性等,都是风险识别阶段应予以解决的问题。

劳务派遣业务可以分成三个阶段:服务协议签订前、服务协议执行中和服务协议终止。劳务派遣业务风险伴随着劳务派遣服务的始终。派遣业务风险识别时要注重收集派遣业务开展涉及的多方面的内、外部信息,以便对收集的原始信息进行必要的提炼和分析。派遣业务风险识别可以围绕这三个阶段开展,如图 5-4 所示。

服务协议签订前	服务协议执行中	服务协议终止
·客户需求 ·客户质量 ·服务内容 ·责任划分	·财务运营 ·日常管理 ·争议诉讼 ·环境调整	·违约责任 ·结算审计 ·劳动关系

图 5-4　派遣业务风险识别阶段

2.风险评估

派遣业务风险评估就是在风险识别的基础上,对风险发生的频率和影响程度做出评估。

(1)风险发生频率评估。风险发生的频率即风险发生的可能性,劳务派遣单位可将其划分为如表 5-1 所示的三个级别。

表 5-1 风险发生频率评估

级别	描述	发生系数
非常有可能发生	发生概率高或每年都发生	3
有可能发生	发生概率中等或三年内发生过	2
不太可能发生	发生概率低或历史上从未发生过	1

（2）风险影响程度评估。风险的影响程度就是风险造成的危害性给劳务派遣单位带来的损失大小，也可将其分为如表5-2所示的三个级别。

表 5-2 风险影响程度评估

级别	描述	发生系数
严重	一旦发生，公司的整体经营活动目标将受到重大影响，无法达到	3
一般	一旦发生，公司整体经营活动目标将受到中度影响，但能部分达到	2
微小	一旦发生，公司的整体经营活动目标不受影响，能绝大部分达到	1

（3）风险优先值。在风险发生可能性和损失程度大小的基础上，得出如表5-3所示的派遣业务风险管理的优先值。优先值越大说明对于这类风险越需给予重点关注。

表 5-3 派遣业务风险管理的优先值

概率＼影响程度	严重（3）	一般（2）	微小（1）
非常有可能发生（3）	9	6	3
有可能发生（2）	6	4	1
不太可能发生（1）	3	2	1

劳务派遣单位可根据风险值结果，对各种风险发生的可能性的高低和对企业整体目标受影响的程度进行评价，以确定各项风险防范的优先顺序和方法。

比如，××劳务派遣公司结合历史发生事件和头脑风暴，通过各部门员工的讨论，优先值较大的风险有客户的财务支付能力风险、客户经营波动带来的风险、派遣员工的劳资纠纷风险、内部操作流程不规范风险、合同协议条款内容约定不明等风险，需公司投入更多的资源加以管理。

3. 风险控制

派遣业务风险控制是指劳务派遣单位通过采取各种措施和方法来消灭或减少派遣

业务风险事件发生的各种可能性，或者减少风险事件发生时造成的损失。

劳务派遣单位应根据自身的总体发展战略，正确处理好风险与收益的关系，确定风险偏好，有针对性地选择风险回避、损失控制、风险转移和风险保留等总体风险管理策略。

比如，对于质量不高的客户可以不予合作、工伤发生可能性较大的岗位可以购买商业意外险。

4.效果评估

派遣业务风险管理的过程是动态的，在于风险随着劳务派遣单位内外部环境的变化而变化，原有的风险因素消除后，有可能会产生新的风险因素，必须再次对风险进行识别和评估，导致原有的风险管理方案可能无法适应新的风险管理要求。为此，劳务派遣单位需要通过对实施效果进行检查和评价来纠正，提出补救措施，以此进一步完善风险管理解决方案，实现持续改进。

风险管理效果评价的方法有图 5-5 所示的两种。

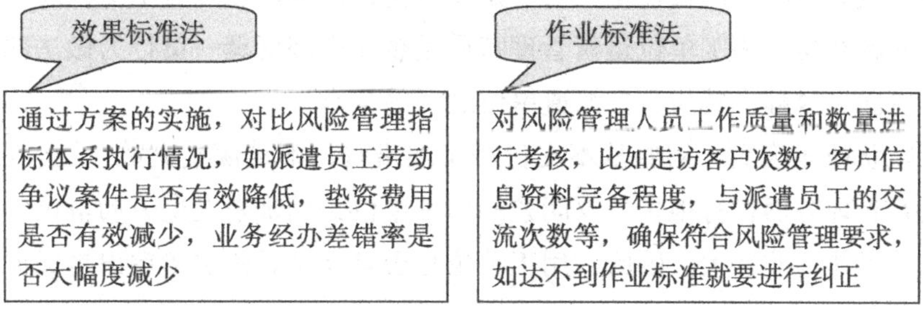

效果标准法	作业标准法
通过方案的实施，对比风险管理指标体系执行情况，如派遣员工劳动争议案件是否有效降低，垫资费用是否有效减少，业务经办差错率是否大幅度减少	对风险管理人员工作质量和数量进行考核，比如走访客户次数，客户信息资料完备程度，与派遣员工的交流次数等，确保符合风险管理要求，如达不到作业标准就要进行纠正

图 5-5　风险管理效果评价的方法

第二节
劳务派遣风险识别与防范

一、用工单位财务能力风险识别及防范

1.风险识别

劳务派遣服务中，涉及大量的资金往来，如果用工单位没有良好的支付能力，劳务派遣单位的正常服务将会受到影响，派遣员工的利益也无法得到保护，劳动争议等法律风险将不断滋生。

2.风险防范

劳务派遣单位应多方了解用工单位的财务支付情况。劳务派遣单位与用工单位的合作离不开利润的保证，与资金实力雄厚的企业合作更能确保劳务派遣单位的项目收益。由于在劳务派遣的过程中相关费用入账支出会随劳务派遣的人数增多而增加，要想在双方合作中各项服务能顺利进行，则对用工单位的支付能力有较高的要求，用工单位的资金链是否顺畅、财务信用度高低、财务审批流程烦琐程度都会直接影响劳务派遣各项合作的正常运转。

二、用工单位法律意识风险识别及防范

1.风险识别

在劳务派遣项目中，涉及劳动合同法、社会保险条例、工资条例等多种人事管理方面的法律法规。而每个用工单位都有自己的运营管理特质，有的是遵纪守法的稳健型，有的是偏好风险性的投机型，有的是非常重视内部员工的员工型，还有的是追求市场认可的顾客型。用工单位运营管理特质是企业内部管理一贯行为做法的体现，必将影响派遣服务过程中其与劳务派遣单位之间的合作。

从风险防范角度看，那些从不支付员工加班费、不足额缴交员工社会保险福利、在劳动关系管理方面存有很多争议问题的用工单位，其未来发生劳动争议、滋生违法管理行为的可能性非常大。因此，用工单位是否具有良好的法律意识是保证派遣用工正常执行的关键。

2.风险防范

用工单位的法律风险意识与其整个企业文化、追求的经营目标有关，一般不容易改变。因此，劳务派遣单位只能从政策法规的宣传、派遣协议的约束两方面去防范用工单位法律意识淡薄的风险。

另外，劳务派遣单位在规避此类风险时也可以采取图5-6所示的措施。

 通过举办法律法规讲座，与派遣员工交流，宣传各种与员工自身有关的福利待遇及申领途径，提高员工法律意识，通过加强派遣员工自我保护意识达到督促用工单位"循规蹈矩"

 同时对用工单位进行长期政策法规宣传，及时将一些最新违法案例与其沟通，如一些公司不足额缴交社保而遭受滞纳金、补缴等一系列处罚等，甚至可以请劳动部门相关人员到用工单位进行政策讲解，达到警示的作用

将由此可能产生的风险责任在派遣协议中清楚说明，分清楚责任。以避免承担由于用工单位违法造成的风险。比如，在劳务派遣协议工资条款中约定"派遣员工试用期内的劳动报酬不得低于约定工资的80%，并不得低于派遣员工工作所在地的最低工资标准""用工单位应按国家相关规定承担派遣员工的劳动报酬、加班费、奖金、差旅费和补贴以及与工作岗位相关的福利待遇"等

图 5-6　劳务派遣单位规避用工单位法律意识风险防范对策

三、能力匹配风险识别及防范

1. 风险识别

如果劳务派遣单位在合作前没有对自身资源及能够提供的服务进行客观评价，没有仔细对用工单位的服务需求进行预测、甄别、评估，没有对流程细节进行深度的分析挖掘，没有对管理的薄弱环节事先进行加强，而盲目进行合作，将会存在潜在风险。

此外，如果用工单位的服务要求成本过高，劳务派遣单位又没有对项目所需要的费用和预期收益进行认真分析，出现费用低估而把收益高估的现象，将会带来巨大损失。

2. 风险防范

与用工单位服务要求匹配风险防范对策如图 5-7 所示。

对策一	细化客户需求分析
	对用工单位派遣服务的需求进行细致分析，是保证派遣服务质量及经济收益的前提。除确定服务的范围、特征、数量、期限等基本情况外，还要清楚了解用工单位自身业务情况及希望通过购买服务达到的目标

对策二	客观评价自身能力
	劳务派遣单位要针对用工单位的需求事先做好调查，再根据自身服务能力制定出合理方案，并签订详细的合作协议，保障及控制服务质量

对策三	企业内部沟通要顺畅
	避免企业内部出现客服人员不知道派遣项目谈判内容，甚至不完全知道销售人员对用工单位方做出的承诺内容的状况；避免销售人员为完成业绩，不关心项目合同的可实现性，盲目承诺，进而导致提供的服务无法满足客户需求，无法合理控制服务时限和内容

图 5-7

对策四 双方合同签订尽量一次到位

> 避免由于对用工单位服务需求不明确，不断签订补充协议，这将会造成业务运作的低效率和成本的大幅增加，同时也会给用工单位留下不专业的印象

对策五 准确评估成本与收益

> 对项目的预计投入应当有精确的计算，包括派遣员工的配置成本，支付合作机构的服务费用，与各地政策机构沟通的成本等，避免盲目操作，要保证项目盈利

图 5-7 与用工单位服务要求匹配风险防范对策

四、派遣员工管理风险识别及防范

1. 风险识别

劳务派遣单位对于派遣员工的招聘入职管理、日常管理及突发事件管理等各个环节均潜藏着法律风险及经济风险。

（1）入职管理风险。有些用工单位对派遣员工的入职数量会根据生产淡旺季变化而变化，这就要求劳务派遣单位需要在相对的时间内完成派遣员工的岗前培训、具体到岗时间确认、收集和鉴定员工入职材料、签订劳动合同等一系列过程。

这一环节中的风险主要存在于劳动合同的签订时间是否及时、派遣员工基本材料在短期内是否搜集齐全并鉴定核实真伪、派遣员工是否与前用人单位完全解除合同、入职前规章制度等内容是否做到告知并签收、能否在短时间内安排好岗前培训。

（2）日常管理风险。派遣员工入职后，日常管理成为派遣服务的重点内容。日常管理是派遣企业与派遣员工、用工单位关联最紧密、最频繁的环节，同时也是法律风险较为突出的环节，具体如表 5-4 所示。

表 5-4 派遣员工日常管理风险识别

序号	风险识别	具体说明
1	安全生产管理风险	如果劳务派遣单位未能对派遣员工进行充分的岗前培训，员工没有掌握安全生产技能，或用工单位没有按照国家标准提供相应的劳动条件和劳动保护，在劳动过程中，员工很容易出现工伤和违规操作的事故，将导致劳务派遣单位承担赔偿责任

续表

序号	风险识别	具体说明
2	薪酬管理风险	（1）很多用工单位为降低成本，给予劳务派遣员工与其正式员工不同的工资待遇，而且通常不能针对劳务派遣员工建立完善的绩效考核制度，一旦派遣员工要求与正式员工享受"同工同酬"待遇，用工单位并不能拿出充分的证据来说明派遣员工的工资待遇差别的原因，劳务派遣单位就面临着被用工单位牵连并受到惩罚的风险 （2）劳务派遣单位如果没有一个高效的薪酬支付管理系统，一旦不能按时支付薪酬，或因计算有误而少发、漏发工资，就会遭到派遣员工的投诉甚至付诸法律而引起的风险
3	福利管理风险	如果用工单位不重视派遣员工的考勤管理，没有对劳务派遣员工考勤进行详细记录，导致经常发生加班费、绩效奖金少付、遗漏的现象，而劳务派遣单位在接到用工单位的每月考勤表后，也不核实其对错，不详细制定相关的管理制度，而放任用工单位混乱管理，不去规范用工单位的行为，将会为以后的赔偿埋下伏笔

（3）突发事件管理风险。有些用工单位的派遣员工由于其工作性质及工作环境，导致其经常发生工伤甚至是治安事件。这些突发事件的直接后果就是用工单位及劳务派遣单位都需要为此事件花费大量人力物力，包括安置伤员、安抚家属、协助调查、支付相关医疗费用、调整工作等。因此，劳务派遣单位在这种突发事件的处理上，如果没有制定一套及时有效的应对措施，等到事故发生后再抽调人员处理，将是一种成本的浪费，一旦没有处理好，很可能引起更大的舆论影响。

2. 风险防范

劳务派遣单位要树立严谨的管理意识。对于劳务派遣，劳务派遣单位如果只限于单纯的代管服务的层面，在派遣员工出现劳动事务冲突时，便会处于尴尬的境地。所以在派遣的过程中，劳务派遣单位要完善对派遣员工全方位的管理，了解派遣员工日常工作的情况以及用工单位管理的规范性，避免自身承担不必要的风险。派遣员工管理风险防范措施如表5-5所示。

表5-5 派遣员工管理风险防范措施

序号	防范措施	具体说明
1	保证与员工所签订劳动合同的规范性	（1）严格按照国家现行劳动法的规定签订劳动合同，不得和派遣员工私自约定劳动条款，或者按照用工单位要求随意编辑劳动合同 （2）严格按照派遣员工正式入职之日签订劳动合同，不得随意篡改 （3）在合同上标注派遣员工实际工作内容、工作地点、薪资待遇等，在劳动合同其他约定条款处若有补充条例，则需员工签字并按手印 （4）若用工单位为特殊行业需要签订保密协议及培训协议时，要与用工单位劳务派遣负责人对接，避免用工单位在协议中出现不利于派遣员工权益保护和构成劳务派遣单位法律风险的条款

续表

序号	防范措施	具体说明
2	完善派遣员工管理体系	（1）派遣员工不应存在造假及欺瞒等情况，如提供虚假证件、伪造简历等，若自身实际情况与所提供的资料不符，劳务派遣单位应不予录用 （2）在日常的工作期间发生的工伤及医疗事故应如实汇报，不能出现谎报骗保等事件 （3）派遣员工接受派遣之前，应安排其进行派遣前培训，针对用工单位的情况合理制定培训内容，以便派遣员工提早了解用工单位的情况及岗位的特征，为员工尽早适应工作提供保障 （4）在培训完毕后，向员工发放派遣员工手册和管理规章制度，使派遣员工能更快地了解各项要求，规范自己的工作
3	完善派遣员工培训体系	（1）做好派遣员工的岗前培训，岗前培训是规避劳务派遣风险的一个重要步骤，对于岗位的性质特征制定的专业的岗前培训会大大加强派遣员工的职业技能，使派遣员工能快速地适应岗位需求，从而为用工单位提供的服务质量也会随之提高 （2）定期根据派遣员工的岗位特征举办职业技能提升培训，如电焊工岗位举办操作工技能培训、厨师举办营养搭配培训等，尤其是工作环境危险系数较高的职业，要定期举办岗位安全教育培训，让派遣员工在工作中时刻谨记自身安全，以降低安全事故发生的概率，减少工伤的产生，从而减轻劳务派遣单位劳动赔偿风险
4	增加与员工间互动交流	（1）为加强派遣员工的责任感和凝聚力，劳务派遣单位要多举办有利于和员工互动交流的活动，比如定期举办联谊会、户外拓展团建、主题晚会、知识竞赛等 （2）劳务派遣单位应以实际行动建立起与派遣员工之间良好的关系和信任感，从而提高派遣员工对公司的认可度和归属感，避免人才的流失

五、派遣单位自身财务管理风险识别与防范

1. 风险识别

劳务派遣单位要向用工单位收取一定费用来支付派遣员工的工资、福利、保险，同时收取服务费来维持自身的运营支出，资金项目繁杂，管理难度大。因此，如果不能对收支进行科学性管理、有效控制成本，必会带来财务混乱和风险。

2. 风险防范

（1）保证财务管理严谨性。劳务派遣单位应针对每个派遣项目安排专人与用工单位对接财务事项，明确在什么节点劳务派遣单位应向用工单位交付费用明细表，用工单位最晚截至每月几号支付劳务费用，保证费用及时到账，从而保证社保公积金等费用能及时缴纳，派遣员工的工资也得到正常发放。

原则上，劳务派遣单位应避免为用工单位垫付费用。如要垫付，则要制定严格的

垫款流程。可针对客户长期的支付情况加以分析,根据客户的到款时间划分A、B、C、D四个信用等级,一般情况下只对A级的客户进行偶然的垫款,特殊情况视流动资金状况而定,以确保正常运营。

（2）专款专用。对收取的各项资金要细化管理、专款专用。

细化管理就是要使每项支出落实到每一个派遣员工的合同薪酬和每项具体开支之上。这就要求在对专项资金实行项目库管理的基础上,严格执行合同上薪酬的发放和同类项目的支出标准。

专款专用就是对社保、住房公积金、工资等各个款项做到分门别类的管理,单独制定收支对账流程。以社保为例,每月制定收支平衡表,列明应收、应付、实收、实付,最理想的状态下这四项是相等的,但由于人员变动导致社保增减、补收、退款等情况的存在,就需要更为细致的核对。

> **小提示**
>
> 凡是收费问题都应当按照一定的合同项目条款执行,在必要的时候要进行三方的沟通和交流,确保专款的专用。只要透明度增强了,也就增强了开支费用使用的合理性,对于任何一方来说也是一种约束和规范。

（3）设立保证金。在实践操作中,由于社保缴纳截止日期为每月10号,而有的用工单位的工资发放日都在中下旬,用工单位为便于内部财务处理,社保和工资会在同一时间结算给劳务派遣单位,导致劳务派遣单位要先行垫付社保。

因此,对这类用工单位要实行保证金制度。对于新合作的用工单位不管信用等级如何,都必须收取一定量的保证金,具体可以根据信用等级确定。对于长期合作的用工单位,根据其付款记录,区别、灵活对待,对于付款及时、不拖欠的老客户可以不予收取,对于拖欠时间长的老客户考虑到合作关系先告知重申结算日期,告知后如果还一直拖欠的话也要收取保证金。

六、派遣员工劳动关系转移风险识别及防范

1. 风险识别

派遣员工在办理人事关系转移时,涉及工资结算、失业保险的领取、养老险的转移、住房公积会的提取、离职证明的开具、劳动关系及档案的转移。每一项都关系到派遣员工的个人利益,处理需要及时并准确,尤其是对于一些被解聘的员工,在其情绪低落的时候如果没能很好地办理其离职手续,可能会激起员工的怨气,并带来后续更为烦琐的问题。

2. 风险防范

要规避劳动关系转移所存在的风险，最关键就是建立健全的派遣员工离职手续办理体系。尤其注意离职员工的工资结算，《工资支付暂行条例》第九条规定"劳动关系双方依法解除或终止劳动合同时，用人单位应在解除或终止劳动合同时一次付清劳动者工资。"如果劳务派遣单位由于用工单位款项未到而一直未支付，就很容易变成拖欠工资而遭受《劳动合同法》中规定的拖欠工资产生 50%～100% 的赔偿金。因此必须按时支付该笔费用。

此外，《劳动合同法》还规定用人单位应在合同解除或终止之日起 15 日之内为员工办理档案及社保关系转移手续，因此，劳务派遣单位应当在规章制度中明确派遣员工离职时办理档案及社会保险关系转移的时间及具体办理程序。

> **小提示**
>
> 快捷便利的离职程序也可避免员工情绪激动，尽量简化程序，让离职员工可以在短时间内完成各项转移手续，可以减少与离职员工之间的冲突。

七、派遣员工辞退风险识别及防范

1. 风险识别

具备法律规定的条件时，劳务派遣单位享有单方解除劳动合同的权利，无须双方协商达成一致意见。主要包括过错性辞退、非过错性辞退、经济性裁员三种情形。其中除过错性辞退情形外，其他均需要支付相应的经济补偿，甚至还要支付双倍的经济赔偿。但即便是过错性辞退，实际操作起来也相当困难。

《劳动合同法》第三十九条有如下规定。

劳动者有下列情形之一的，用人单位可以解除劳动合同。

（1）在试用期间被证明不符合录用条件的。

（2）严重违反用人单位的规章制度的。

（3）严重失职，徇私舞弊，给用人单位造成重大损害的。

（4）劳动者同时与其他用人单位建立劳动关系，对完成本单位的工作任务造成严重影响，或者经用人单位提出，拒不改正的。

（5）以欺诈、胁迫的手段或者乘人之危，使对方在违背真实意思的情况下订立或者变更劳动合同致使劳动合同无效的。

（6）被依法追究刑事责任的。

在实践中，对于"在试用期间被证明不符合录用条件的"，劳务派遣单位该如何证明该员工不符合录用条件？用什么证据证明？除非是碰到学历造假、经验造假一类，而工作表现上的内容很难进行鉴定。

对于"严重违反用人单位的规章制度的",什么才算严重违反?如何对违反程度进行界定?给用人单位造成重大损害的,什么样的损失才算是重大呢?这种模糊的定义大大增加了操作的难度。还有,如何证明有损失?

综上所述,劳务派遣单位想不付补偿就与一个员工解除劳动合同是非常难以操作的。因此一旦要提前解除劳动合同,劳务派遣单位就要考虑该如何操作才能将补偿的风险降到最低。同时又可以安抚员工情绪,平稳解除合同关系。

2.风险防范

派遣员工辞退风险防范措施如表5-6所示。

表5-6 派遣员工辞退风险防范措施

序号	防范措施	具体说明
1	明确责任	对于辞退员工经济赔偿方面,主要应在劳务派遣协议及劳动合同中清晰约定各方责任,区分辞职、合同到期终止、合同提前解除等各种情况的赔偿流程,约定哪些情形下用工单位是不得终止或解除聘用派遣员工的,哪些情形下需支付经济补偿金;经济赔偿标准是怎样的;派遣员工的违约责任是怎样的。做到三方对自身的责任义务清楚,从而达到约束的作用
2	制度公示	制定合理的管理制度,并进行公示;在员工入职时,发放相应的管理制度,并让其签收;开展管理制度的学习、培训。保留签收条、会议记录、培训登记、讨论结果等有效证据
3	严格入职管理	派遣员的离职过程是否顺利及平稳,与员工入职的管理把控关系紧密,在员工入职时对其各种情况了解掌握得越多,筛选得越严格,在以后的管理中就越轻松。特别是对员工信息及背景调查要详细、严格地审核
4	加强试用期管理	在试用期中要对员工工作能力、态度给予准确评断,并设计相应的考核流程对其进行打分,对不符合要求的派遣员工要及时解除,出示考核证据,做到有理有据

八、商业机密泄露风险识别及防范

1.风险识别

项目结束后,双方的监督、控制和法律上的约束都将终止或大大减弱,而用工单位可以继续选择其他劳务派遣单位合作,并可能出于自身利益考虑把劳务派遣单位的服务流程及报价泄露给竞争对手,以降低成本。而劳务派遣行业本身的业务大致相同,相互替代性较强,竞争的只有流程上的快捷和服务的到位。一旦将这些核心资料,特别是服务费报价泄露出去,对劳务派遣单位来说可能是致命的打击。

2. 风险防范

劳务派遣单位应制定专门的保密规则，明确商业秘密的范围、保密主体、保密义务及相应的责任，并与用工单位及派遣员工共同签订保密协议。

第三节
劳务派遣风险控制保障措施

一、树立全员风险意识

加强劳务派遣单位的风险防范工作，首要的任务就是要从思想上确保全体员工树立起风险意识，要意识到风险贯穿在整个派遣业务运营过程中，改变"重业务拓展，轻内控管理"的观念。尽管从表面上看加强风险管理有可能会增加劳务派遣单位的各项管理成本，比如会投入更多的精力加强内控管理和与派遣员工的沟通、谨慎地评估与客户合作的可能性等。但实际上，正由于有了良好的风险控制意识，才能使劳务派遣单位的内控管理更为规范，能为用工单位和派遣员工提供更为专业的服务，获得客户的信任，提高美誉度和影响力，从而促进派遣业务的进一步发展。树立全员风险意识，劳务派遣单位可从图5-8所示的几个方面着手。

措施一	加强宣传教育
	劳务派遣单位的管理层尤其是最高层应根据派遣业务的特点，积极、主动地研究分析业务环节中可能蕴含的风险和查找管理中的漏洞，阐述其危害性不利于企业长远发展，最终会影响到个人发展

措施二	坚持稳妥地开展派遣业务的指导方针
	派遣业务要围绕"安全第一"而展开，制定公司发展目标时要全面考虑内外部环境制约因素，不过分注重派遣规模，要强调效益优先的经营理念

措施三	强化风险防范机制
	通过风险管理考核机制，目标到人，促使员工将风险意识体现在具体的日常业务工作中，鼓励他们通过创新消除和化解风险

图5-8 树立全员风险意识的措施

二、坚持合规经营

劳务派遣单位要恪守合规化运作的经营底线。企业的最终是要赢利,但也不能一味地追求利润最大化,背离应尽的社会责任。为此,劳务派遣单位要做到图5-9所示的两点。

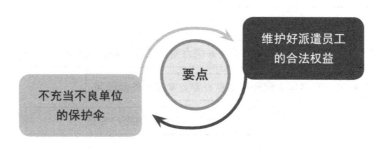

图 5-9 劳务派遣单位合规经营的要点

1. 不充当不良单位的保护伞

在现实中,由于法制的缺陷,派遣业务有一些不规范之处,部分用工单位之所以采用劳务派遣纯粹是为了减少用工成本,这就势必会侵犯派遣员工的合法利益。有的用工单位内部劳资关系混乱,认识到劳务派遣单位在处理劳资关系上有一定的优势,才会提出与其建立合作关系,其最终目的就是将用工风险直接转嫁到劳务派遣单位。针对此问题,劳务派遣单位必须加以辨识,不能迁就用工单位提出的有悖法律的要求,应坚持按照法律政策办事,客户内部劳资关系达不到要求,坚决不与之合作,以最大限度地避免法律风险。

2. 维护好派遣员工的合法权益

由于派遣员工往往处于弱势地位,劳务派遣单位不能只是作为用工单位和派遣员工之间的中介者,而要承担起维护派遣员工合法权益的责任,对用工单位侵犯他们权益的行为要有所约束和监督。这样做不仅仅是因为派遣员工从法理上说是劳务派遣单位自身的员工,劳务派遣单位有保护他们合法权益不受侵害的义务,也是基于从源头上理顺派遣员工和用工单位的劳资关系,避免两者之间的纠纷,进而使劳务派遣单位由于承担连带责任而牵涉进来。

三、组建专业化的从业团队

劳务派遣是一项专业性、整体性、系统性较强的工作,派遣业务风险管理能否最终取得实效,归根结底取决于劳务派遣单位是否拥有一支专业技能娴熟的从业团队。

优秀的专业团队能够确保劳务派遣单位在派遣业务实施过程中合规经营，严格防控纯粹风险，审慎处置机会风险，辩证地看待业务发展和风险管理的关系，开创劳务派遣单位、用工单位和派遣员工三方共赢的和谐局面。对此，劳务派遣单位可从图5-10所示的几个方面着手加强团队建设。

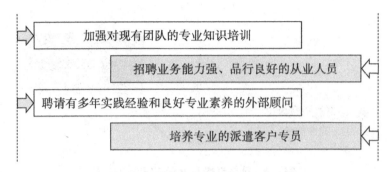

图5-10　组建专业化从业团队的措施

1. 加强对现有团队的专业知识培训

通过在岗培训、脱产培训和自我学习等形式建立起规范化的培训制度，使劳务派遣单位的员工能够及时掌握前沿的人力资源管理理论以及最新的劳动保障法律政策，并在实际工作中加以运用，从而更好地指导自身的工作。

2. 招聘业务能力强、品行良好的从业人员

对于业务规模扩展很快的劳务派遣单位，有必要通过补充员工来进行局部岗位调整，实现内部人力资源的优化，减少岗位风险。

3. 聘请有多年实践经验和良好专业素养的外部顾问

随着派遣量的增多，劳动争议案件发生的概率大大增加，同时行业竞争的加剧，促使需要提供更为专业的人力资源服务才能拓展新客户和保有老客户。为此，劳务派遣单位需要聘请图5-11所示的两类专家顾问。

　劳动保障法律政策方面的顾问，帮助劳务派遣单位处理好劳动争议、劳动仲裁和群体性事件等风险事件，以及对派遣协议内容提出指导建议

　人力资源管理方面的顾问，协助劳务派遣单位在派遣服务的基础上为用工单位提供更为专业的人力资源管理服务，如对于不同行业的用工单位以及不同的岗位设计有针对性的薪酬制度和绩效考核制度，进行人力资源规划指导等

图5-11　需聘请的专家顾问类别

> **小提示**
>
> 劳务派遣单位可通过专业的服务，解决用工单位的实践难题，从而提升客户的满意，进一步巩固双方的合作关系。

4.培养专业的派遣客户专员

劳务派遣企业内部管理流程风险的解决关键在于聘用具有专业处理能力的员工。促进劳务派遣服务队伍的专业化、职业化发展，提高派遣客户专员的专业技术和职业道德素质是目前派遣业急需解决的重点。对此，劳务派遣单位可采取图5-12所示的三个途径来培养专业的派遣客户专员。

途径一	强调自我学习，鼓励员工加强自身的学习，不断充实自己的知识
途径二	在坚持体系日常业务学习制度的基础上，初步建立内部培训机制，组织大家定期和不定期开展学习。方式以部门负责人或骨干员工进行业务经验的总结和传授为主。针对派遣过程中发生的一些劳动争议、劳动仲裁的案例，及时与大家进行分析，寻找争议发生的原因，探讨争议的解决方法和对今后工作的启示
途径三	积极鼓励员工利用各种培训的机会参加各种相关业务的培训，重点加强对《劳动合同法》《劳动争议仲裁》、社会保险、医疗体制改革等知识的系统学习

图5-12 培养专业的派遣客户专员的措施

四、完善派遣员工的培训体系

对派遣员工的岗前培训是关系派遣服务经济风险的一环。劳务派遣单位针对劳务派遣人员的岗位特点，设计科学的培训计划，保证培训资金，讲求培训质量，可以不断提高派遣人员的专业技能素质，满足派遣人员对培训的需求。特别是针对优秀劳务派遣员工，劳务派遣单位还要积极的创造机会，有针对性地进行定向培训。这种有针对性的技能、职业培训，能帮助派遣员工快速上岗，迅速满足用工单位的劳动力需求，提高派遣服务的质量。

当然，持续、科学的培训计划首先一定要与用工单位的需求联系起来，如果单方面满足员工的"喜好"，就成为"无本之木"。因而劳务派遣单位一定要了解用工单位经营的需要，才能做好培训计划。具体来说，制订培训计划应考虑图5-13所示的三个因素。

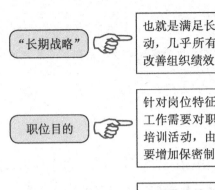

图 5-13 制订培训计划应考虑的因素

此外，劳务派遣单位还需要完善对员工归属感、文化认同感的培养上，如对其日常生活的辅助、关照，举办生日会，协助解决居住、交通等问题，提供技能发展培训、用工单位的文化认可培训等。劳务派遣单位除了提供快速、精确的派遣员工外，应在派遣员工上班后，关注他们的成长和发展，还应经常向用工单位了解其派遣员工的工作表现，与派遣员工进行适度的沟通，准时发放派遣员工的薪资等。这些都会直接影响到派遣员工的工作意愿和效率。

> **小提示**
>
> 建立劳务派遣单位与派遣员工间，以及派遣员工与用工单位之间的良好关系，营造和谐的劳动环境及氛围，有利于降低劳动争议的隐患。

五、搭建三方信息沟通机制

劳务派遣单位应搭建包含派遣员工、用工单位、派遣单位三方的信息沟通平台，进行有效沟通，实现长期、高效的合作。

1. 劳务派遣单位与用工单位之间的沟通

劳务派遣单位与用工单位应互相了解彼此的企业文化和经营理念，基于双方共识的基础上建立真正的信任合作关系；在合作过程中，劳务派遣单位与用工单位应就岗位要求、人员标准、适时表现进行沟通和反馈，以帮助双方都做出相应的有效决策。

2.用工单位与派遣员工之间的沟通

用工单位必须要与被派遣员工就企业文化、信息、策略进行合理有效的沟通,让被派遣员工清楚地认识到劳务派遣不仅是为用工单位利益着想,而且是为派遣员工的利益考虑,是一种真正多赢的、有效的方法,进而推动劳动派遣工作的顺利进行。

3.劳务派遣单位与派遣员工之间的沟通

劳务派遣单位应及时、真诚和密切地与员工沟通,让派遣员工有便捷的沟通渠道,及时解决员工的疑惑。化解小矛盾,并为解决较复杂的矛盾和争议搜集证据和解决问题的方法,妥善化解冲突。

劳务派遣单位可建立定期访谈机制,增加驻点服务,参与现场协调,处理好员工关系,让派遣客户专员定期去其负责派遣单位发放材料及为派遣员工解答疑问,与用工单位及派遣员工对派遣工作中的每项工作进行沟通与联系,深入了解客户业务状况,打破局限于行政后勤的服务观念,提出全面服务的概念,提升服务质量,确保劳务派遣单位、用工单位、派遣员工三方利益一致。

六、提升派遣员工满意度

用工单位通过劳务派遣能为企业带来诸如规避风险、减少成本、灵活的用人机制等好处,但对于派遣员工而言,由于其特殊的劳动关系,往往会被用工单位忽视。特别是在薪酬、培训和职业发展等方面往往与正式员工存在较大的差异,导致派遣员工产生不公平感,满意度降低,由此可能引发消极怠工、辞职、劳工纠纷等风险。针对这些现象,劳务派遣单位要与用工单位密切配合,有效沟通,便于及时发现派遣员工管理过程中存在的问题,提升派遣员工的满意度。具体措施如图5-14所示。

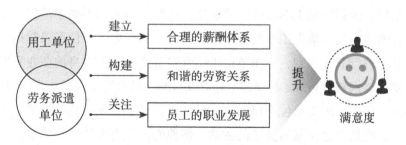

图5-14 提升派遣员工满意度的措施

1.建立合理的薪酬体系

构建公平、富有激励性的薪酬体系能有效提升派遣员工的工作积极性,具体要求如图5-15所示。

```
┌─ 薪酬设计前 ─┐                    ┌─ 薪酬设计中 ─┐
```

做好派遣员工的岗位评价，通过科学的评价确定岗位价值大小，使派遣员工能够意识到不同岗位之间的薪酬差异	听取和采纳派遣员工的意见，得到他们的支持。对于派遣员工的考核标准要与正式员工一样，并将考核结果与他们的奖金、晋升等结合起来

图 5-15　建立合理薪酬体系的要求

具体设计时最重要的原则是公平性，在无法做到同工同酬的前提下，使同一岗位的派遣员工尽可能缩小工资差距，派遣员工的薪酬带宽的最高值应不低于正式员工工资的最低值。

2. 构建和谐的劳资关系

劳务派遣单位在录用派员员工时就要引导好派遣员工对于用工单位的主观期望，让其有一定的心理准备，并告知劳动关系权利义务。

劳务派遣单位要倾听派遣员工的声音，构建顺畅的沟通渠道，让他们有机会参与用工单位发展的决策，并且应让派遣员工加入用工单位的工会，维护自身合法的权益。同时，要关心派遣员工的工作和生活，切实解决他们的实际困难。

为有效化解劳动争议风险，可以由派遣公司牵头，成立由派遣公司、用工单位工会代表、派遣员工代表和政府相关职能部门组成的劳动纠纷调解组织，把矛盾解决在内部。

3. 关注员工的职业发展

由于派遣员工与用工单位并不存在劳动关系，用工单位往往不能给予他们职业发展通道，制约了他们在用工单位内部的发展。这样，一方面不利于他们自身素质的提高；另一方面也影响了他们工作的积极性。对此，劳务派遣单位可以与用工单位一起指导派遣员工进行职业规划，让派遣员工结合自身情况设定自身的职业发展规划，用工单位也要为他们制订培训、教育和工作开发计划，努力促使其职业生涯目标的达成。

在实际工作中，用工单位可以结合绩效考核，对于表现出色的派遣员工转为企业的直接员工，也是对全体派遣员工的激励，使他们产生更大的工作热情。用工单位也应打破"唯身份论"，在出现岗位空缺时，允许派遣员工与正式员工一起参与企业岗位的竞争，凭实力去选择更能满足他们发展需要的岗位，给他们发挥能力的机会，提高他们的成就感。同时也可以实行内部轮岗，寻求派遣员工职业生涯发展更多的可能。

七、建立派遣业务风险预警及应急处置预案

尽管风险的最终出现存在着一定的偶然性和突发性,但在实际发生之前应有一个累积的过程,在此过程中会暴露出一些端倪,所以劳务派遣单位在对派遣业务风险进行常态化管理的同时,还应建立派遣业务的风险预警及应急处置预案,以便及时防范控制和化解派遣业务风险。

1. 识别派遣业务风险预警信号

劳务派遣单位各部门负责人应当作为派遣业务风险预警工作的第一责任人,应要求各自所在部门的员工保持对风险发生的日常敏感度,可通过晨会、每周例会等形式,收集整理可能含有风险隐患的信息,便于尽早发现派遣业务风险的早期预警信号,并按规定的权限和程序采取针对性的处理措施,做到及时提示、提前控制,从而将风险控制在萌芽状态中。

风险预警信号主要应包含表 5-7 所示的以下几方面。

表 5-7 风险预警信号

序号	预警信号类型	具体说明
1	公司内部管控的风险预警信号	(1) 业务经办差错月发生次数大于 2 次 (2) 业务经办延误月发生次数大于 2 次 (3) 对于客户的服务需求没有及时响应,发生客户投诉 (4) 为客户垫资费用环比大幅上升等
2	派遣员工管理的风险预警信号	(1) 同一时段离职率大幅上升 (2) 劳动纠纷、仲裁案件月发生次数超过 3 起 (3) 发生群体事件等
3	用工单位方面的风险预警信号	(1) 未按期与公司结算相关费用大于 2 次 (2) 拖欠派遣员工工资大于 2 次 (3) 大批量裁减派遣员工 (4) 对派遣员工管理不善,双方情绪对立 (5) 销售收入大幅下降 (6) 没有按照与公司签订的派遣协议的约定,履行相关法律义务等

2. 建立派遣业务风险应急处置预案

一旦出现派遣业务风险预警信号,劳务派遣单位应立即通过有关途径加以了解具体情况,对可能发生的危害程度进行评估,必要时应启动应急处置预案。

应急预案主要应包括表 5-8 所示的内容。

表 5-8 应急预案的主要内容

序号	主要内容	具体说明
1	总则	说明编制预案的目的、工作原则、编制依据、适用范围等
2	组织指挥体系及职责	明确各组织机构的职责、权利和义务,以突发事故应急响应全过程为主线,明确事故发生、报警、响应、结束、善后处理处置等环节的主管部门与协作部门;以应急准备及保障机构为支线,明确各参与部门的职责
3	预警和预防机制	包括信息监测与报告,预警预防行动,预警支持系统,预警级别及发布(建议分为四级预警)
4	应急响应	包括分级响应程序(原则上按一般、较大、重大、特别重大四级启动相应预案),信息共享和处理,通信,指挥和协调,紧急处置,应急人员的安全防护,群众的安全防护,社会力量动员与参与,事故调查分析、检测与后果评估,新闻报道,应急结束 11 个要素
5	后期处置	包括善后处置、社会救助、保险、事故调查报告和经验教训总结及改进建议
6	保障措施	包括通信与信息保障,应急支援与装备保障,技术储备与保障,宣传、培训和演习,监督检查等
7	附则	包括有关术语、定义,预案管理与更新,国际沟通与协作,奖励与责任,制定与解释部门,预案实施或生效时间等
8	附录	包括相关的应急预案、预案总体目录、分预案目录、各种规范化格式文本,相关机构和人员通讯录等

应急处置工作结束后,除了对风险应急处置方案实施效果进行总结并进行完善外,更要从风险事件中吸取经验教训,以更有效地做好派遣业务风险的防范工作。

比如,一旦用工单位负责人欠薪逃匿,要立即启动应急处置预案,上报相关政府部门,立即申请对用工单位的财产保全,稳定派遣员工情绪,寻求善后处理办法,处置完毕之后要对风险事件的发生原因进行深刻总结。

下面提供一份××劳务派遣公司外派劳务纠纷处理应急预案的范本,仅供参考。

范本

××劳务派遣公司外派劳务纠纷处理应急预案

1. 总则

1.1 编制目的

加强××劳务派遣有限公司外派劳务工作管理的规范化、科学化,积极有效预防、及时控制和妥善处置外派劳务纠纷和突发事件，维护国家利益和社会稳定，保障本公司外派人员的生命财产安全及合法权益，避免或减少损失，坚持以人为本，全面构建和谐社会，提高处置外派劳务突发事件的快速反应和应急处理能力，建立健全本公司处置外派劳务突发事件应急机制。

1.2 编制依据

根据商务部《关于加强境外劳务人员安全保障工作的通知》，外交部《重大突发事件应急预案》和《××市重大涉外突发事件应急预案》，以及国家外派劳务合作有关政策、法律法规，结合本公司实际，制定本预案。

1.3 适用范围

本预案适用于××劳务派遣有限公司外派劳务项目下，组织和开展对外劳务过程中，发生的外派劳务纠纷和突发事件，以及需驻本公司协调的问题和事件。具体如下。

（1）外派劳务纠纷。包括境内外发生涉及劳务人员与经营公司、劳务人员与雇主之间因劳务合同、劳动纪律、工资、人员伤亡和财产损失等引发的纠纷。

（2）因劳务纠纷问题引发的国内治安事件。包括上访请愿，围攻冲击重要目标，非法集会等群体性突发事件。

（3）因劳务纠纷问题引发的事件。包括劳务人员人身安全、财产安全受到威胁或与雇主因劳务纠纷引起的请愿、罢工引起的突发事件。

（4）因战争、灾害以及恶性事故等不可抗力造成外派劳务人员人身伤亡、财产损失的突发事件。

1.4 基本原则

统一领导、依法行政、职责明确、协调处置、分级控制、联络畅通、反应迅速、措施果断。

2. 组织机构与职责

2.1 组织机构

设立处置外派劳务突发事件应急工作小组（以下简称外派劳务应急工作小组）。外派劳务应急工作小组在×××领导下开展工作，负责本外派劳务突发事件应急处置，并及时向领导汇报外派劳务突发事件有关协调和处置工作情况。

外派劳务应急工作小组组长×××，副组长×××，成员×××、×××、×××。外派劳务应急工作小组下设办公室。

2.2 职责分工

2.2.1 外派劳务应急工作小组职责。

（1）××劳务派遣有限公司外派劳务突发事件的应急处置工作。

(2) 决定启动和终止外派劳务突发事件应急预案等级。

(3) 及时向有关部门报告重大事件,并迅速组织、协调力量控制突发事件局面,制止事态发展。

(4) 针对突发事件,负责制定具体应对措施。

(5) 研究重大外派劳务突发事件的各类信息,判断事态发展趋势,并组织有关人员到突发地开展处置工作。

2.2.2 外派劳务应急工作小组办公室职责。

(1) 负责处置外派劳务突发事件的日常运行管理、组织协调工作。

(2) 重大、较大外派劳务突发事件发生后,立即了解情况,进行协调。并按照要求,迅速向市外派劳务应急工作小组组长和成员报告情况,及时向上级有关领导请示报告重大事项。

(3) 搜集、掌握、上报、处理××劳务派遣有限公司突发事件处置期间有关情况信息和整体动态,及时向重大涉外突发事件应急总指挥部和外派劳务应急工作小组报告处置外派劳务突发事件情况及需要市外派劳务应急工作小组协调解决的问题等。根据领导要求,召开有关会议,制定应急措施和处置意见,传达上级及领导的有关指示和命令,接受有关部门和外派劳务公司报告的重大情况。编制有关信息简报,发布突发事件有关情况。向市外派劳务应急工作小组成员单位和有关外派劳务公司通报情况。

(4) 协助做好外派劳务人员及家属和接收单位的相关工作。

(5) 组织协调、督促和检查有关部门、外派劳务公司落实外派劳务应急工作小组的各项具体处置工作,根据实际情况,决定采取必要的处置措施、方法,防止事态扩大和蔓延。

(6) 承办外派劳务应急工作小组交办的其他事项。

2.2.3 外派劳务应急工作小组成员单位职责。

(略)

3. 等级划分及应急处置

3.1 等级划分

根据外派劳务突发事件的可控性、事态程度和影响范围,以及客户的建议和要求,将突发事件划分为三个等级,分别为重大、较大和一般。

3.2 启动条件

3.2.1 重大突发事件的启动条件。

对外派劳务人员的生命安全、财产安全、社会秩序和国际影响造成重大损害,需要国家职能部门和外国政府（机构）协助才能有效处置的，因外派劳务引发的群体伤亡、聚众闹事、劳务纠纷、上访、罢工等重大事件。

3.2.2 较大突发事件的启动条件。

对外派劳务人员的人身安全、财产安全、社会秩序和国际影响造成较大损害，需要市政府职能部门协调才能有效处置的，因外派劳务引发的群体伤亡、聚众闹事、劳务纠纷、上访、罢工等较大事件。

3.2.3 一般突发事件的启动条件。

对外派劳务人员人身安全、财产安全、社会秩序和国际影响造成一定损害，市商务局、外派劳务公司和外派劳务人员接受企业能协助有效控制和处置的，因外派劳务引发的劳务纠纷、上访等一般性事件。

3.3 处置程序

3.3.1 启动。

处置外派劳务突发事件是一项政治性、业务性很强的综合工作，发生外派劳务突发事件后，要按规定程序进行处置。

（1）发生外派劳务突发事件或接到的情况通报后，应立即向外派劳务应急工作小组办公室报告。外派劳务应急工作小组召集成员单位会议，根据外派劳务突发事件事态发展和驻外使（领）馆建议及要求，立即启动本预案。按照不同等级，实行分级处置。

（2）启动本预案请示的主要内容包括事件概况（时间、地点、原因、性质、事态程度、动态信息、影响范围）、启动建议、已采取的应急措施。

（3）外派劳务应急工作小组成员单位及相关单位启动本单位应急预案和相应机制。

3.3.2 处置程序。

（1）市外派劳务应急工作小组成员单位及相关单位在接到外派劳务应急工作小组启动应急预案的通知后，研究对策，提出解决建议，按照本预案中的职责分工，做好突发事件的处置工作，并相互协调配合。督促有关外派公司尽快拿出解决事件的措施和方案并付诸实施。各相关单位确定专人负责处置工作，期间须24小时值班，保持联络畅通。

（2）发生外派劳务突发事件的单位应做好现场先期处置工作，进一步查明事件发生的时间、起因、性质、规模（外派人员姓名、人数、状况）、雇主名称、家属联系方式、事态程度、影响范围及伤亡人员、财产损失等基本情况。做好安置安抚、解释和转移保护有关人员等工作，外派劳务应急工作小组根据实际情况，研究制定有效应急处置措施，组织力量控制局面，防止事态进一步恶化，确保各项处置决策和应对措施落实到位，取得成效。必要时向上级部门汇报，并请求我驻外使（领）馆或外国驻华使馆的协助和支持。

（3）有关措施和解决方案及时向上通报，抄报上级部门。

3.4 终止

外派劳务突发事件应急处置完毕，由外派劳务应急工作小组决定终止本预案，并向相关部门和单位下达通知。

3.5 后期处置

3.5.1 上报总结。

外派劳务突发事件应急处置工作结束后，应及时写出总结报告，总结处置工作经验和教训，上报外派劳务应急工作小组，并由外派劳务应急工作小组向上级部门报告情况。

3.5.2 查处。

外派劳务应急工作小组可根据实际情况成立专门小组，对外派劳务突发事件的原因、有关人员责任进行调查，对外派劳务公司违规行为，按照国家法律法规进行查处。

3.6 应急处置基本原则

3.6.1 坚持以人为本，依法执政。

以国家利益、人民生命财产安全为处置外派劳务突发性事件工作的出发点和落脚点，把保障人民群众利益作为首要任务，尽一切力量减少外派劳务突发性事件造成的人为伤害、财产损失和社会影响。

3.6.2 坚持统一领导，分级负责。

一旦发生外派劳务突发事件，应在市外派劳务应急工作小组统一指挥下，各部门各尽其职，相互协调配合，做到处置有序、措施得力，按照本预案中的职责分工，做好突发事件的应急处置工作。

3.6.3 坚持职责明确。

要明确责任，密切配合，凡发生外派劳务纠纷和突发事件及善后有关事宜的处理由项目小组负责协调，其他部门配合，对外签约公司负责，防止推诿扯皮。对突发事件具体问题具体分析，个案解决。同时，区分不同情况，注意方法，讲究策略，研究深层原因，坚持原则性和灵活性的统一，标本兼治，从根本上解决问题。对敷衍塞责、严重失职的部门和单位，将追究有关人员的责任。

3.6.4 坚持实事求是。

接到外派劳务突发事件报告后，各相关部门应迅速派人赶赴事件现场，全面了解、准确核实、收集有关信息,并及时向外派劳务应急工作小组报告情况。

4. 工作要求

略。

5. 附则

5.1 表彰和奖励

在外派劳务人员发生劳务纠纷或突发事件的处理过程中有突出贡献的,由××劳务派遣有限公司的有关规定给予表彰和奖励。

5.2 责任追究

对执行本预案时,玩忽职守、失职、渎职、不服从统一指挥、调度,未认真履行工作职责,组织协调不力,物资、资金、措施落实不到位,造成工作出现重大失误和严重后果的,依照有关法律法规,追究相关部门或相关人员责任。

5.3 随着外派劳务情况的发展变化,本预案要及时进行修改、补充和完善。要及时、有效和妥善处置外派劳务突发事件。

5.4 预案自发布之日起实施。

第六章
派遣员工保护管理

第一节
派遣员工权益保护

一、派遣员工休假保护

《劳动合同法》第六十三条规定被派遣劳动者享有与用工单位的劳动者同工同酬的权利。可见，劳务派遣员工被派遣到用工单位后，与其正式员工一样，享有休假权利。为了保护派遣员工的休假权益，劳务派遣机构要做到图6-1所示的两点。

图6-1 劳务派遣机构对员工休假权益的保护措施

劳动者应享受的假期

1. 工作时间制度

国家实行劳动者每日工作时间不超过8小时，平均每周工作时间不超过44小时的工时制度。用人单位应当保证劳动者每周至少休息1日。用人单位由于生产经营需要，经与劳动者协商后可以延长工作时间，一般每日不得超过1小时；因特殊原因需要延长工作时间的，在保障劳动者身体健康的条件下延长工作时间每日不得超过3小时，但是每月不得超过36小时。

2. 国家法定假日

国家法定假日指的是国家规定放假的日子，具体如下。

（1）新年，即元旦，放假1天（1月1日）。

（2）春节，放假3天（农历除夕、正月初一、初二）。

（3）清明节，放假1天（农历清明当天）。

（4）劳动节，放假1天（5月1日）。

（5）端午节，放假1天（农历端午当天）。

（6）中秋节，放假1天（农历中秋当天）。

（7）国庆节，放假3天（10月1～3日）。

3. 带薪年休假

《职工带薪年休假条例》对带薪年休假做了详细明确的规定，具体如下。

第二条　机关、团体、企业、事业单位、民办非企业单位、有雇工的个体工商户等单位的职工连续工作1年以上的，享受带薪年休假（以下简称年休假）。单位应当保证职工享受年休假。职工在年休假期间享受与正常工作期间相同的工资收入。

第三条　职工累计工作已满1年不满10年的，年休假5天；已满10年不满20年的，年休假10天；已满20年的，年休假15天。

国家法定休假日、休息日不计入年休假的假期。

第四条　职工有下列情形之一的，不享受当年的年休假。

（1）职工依法享受寒暑假，其休假天数多于年休假天数的。

（2）职工请事假累计20天以上且单位按照规定不扣工资的。

（3）累计工作满1年不满10年的职工，请病假累计2个月以上的。

（4）累计工作满10年不满20年的职工，请病假累计3个月以上的。

（5）累计工作满20年以上的职工，请病假累计4个月以上的。

第五条　单位根据生产、工作的具体情况，并考虑职工本人意愿，统筹安排职工年休假。

年休假在1个年度内可以集中安排，也可以分段安排，一般不跨年度安排。单位因生产、工作特点确有必要跨年度安排职工年休假的，可以跨1个年度安排。

单位确因工作需要不能安排职工休年休假的，经职工本人同意，可以不安排职工休年休假。对职工应休未休的年休假天数，单位应当按照该职工日工资收入的300%支付年休假工资报酬。

《企业职工带薪年休假实施办法》第十四条规定："劳务派遣单位的职工符合本办法第三条（职工连续工作满12个月以上的）规定条件的，享受年休假。被派遣职工在劳动合同期限内无工作期间由劳务派遣单位依法支付劳动报酬的天数多于其全年应当享受的年休假天数的，不享受当年的年休假；少于其全年应当享受的年休假天数的，劳务派遣单位、用工单位应当协商安排补足被派遣职工年休假天数。"

二、派遣员工同工同酬

同工同酬是指用人单位对于技术和劳动熟练程度相同的劳动者在从事同种工作时，不分性别、年龄、民族、残疾、区域等差别，只要能以不同方式提供相同的劳动量，即获得相同的劳动报酬。

1. 同工同酬的必备条件

同工同酬的必备条件如图6-2所示。

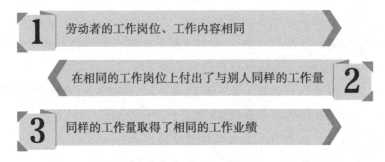

图6-2 同工同酬的必备条件

2. 同酬的概念

相同的劳动报酬是指相同的劳动报酬分配办法与相同的报酬标准。

用人单位在生产过程中支付给劳动者的全部报酬包括图6-3所示的三部分。

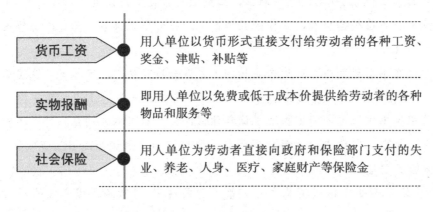

图6-3 劳动报酬的内涵

3. 有关同工同酬的法律规定

《劳动合同法》第六十三条的规定如下。

被派遣劳动者享有与用工单位的劳动者同工同酬的权利。用工单位应当按照同工同酬原则，对被派遣劳动者与本单位同类岗位的劳动者实行相同的劳动报酬分配办法。用工单位无同类岗位劳动者的,参照用工单位所在地相同或者相近岗位劳动者的劳动报酬确定。

劳务派遣单位与被派遣劳动者订立的劳动合同和与用工单位订立的劳务派遣协议,载明或者约定的向被派遣劳动者支付的劳动报酬应当符合前款规定。

然而在实践中,有的被派遣劳动者与正式工干一样的活,劳动报酬却低很多,这样很不公平。对此,劳务派遣机构应当在与用工单位签订的派遣协议中明确约定派遣员工的报酬计算方式、绩效考核方式,以切实维护派遣员工的劳动收入。

(1)在福利待遇方面。《劳务派遣暂行规定》第九条规定:"用工单位应当按照劳动合同法第六十二条规定,向被派遣劳动者提供与工作岗位相关的福利待遇,不得歧视被派遣劳动者。"

《劳动合同法》第六十二条规定用工单位应当履行如图6-4所示的义务。

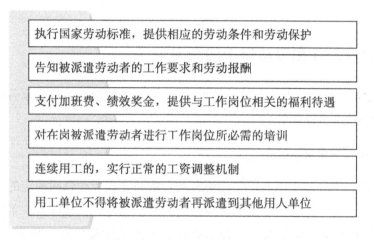

图6-4 用工单位应当履行的义务

因此,劳务派遣机构应当监督用工单位履行应尽的义务,切实维护派遣员工的合法权益。

(2)在社会保险权益方面。《劳务派遣暂行规定》第十八条规定:"劳务派遣单位跨地区派遣劳动者的,应当在用工单位所在地为被派遣劳动者参加社会保险,按照用工单位所在地的规定缴纳社会保险费,被派遣劳动者按照国家规定享受社会保险待遇。"

这条规定,也明确了作为社会保险待遇缴纳方的劳务派遣机构的应尽职责,从社会保险方面体现同工同酬的要求。

4.完善薪酬动态晋升机制

(1)建立能综合体现岗位、能力和业绩因素的基本薪酬体系,对劳务派遣工的管理从身份管理向岗位管理转变。

（2）由于劳务派遣工多是从事临时、辅助和替代性的工作岗位，工作岗位基本上都是以技能操作为主，因此可建立多等级的薪酬体系框架，每个薪酬等级有多档次的工资标准，并建立与之相适应的绩效考核制度，对于考核优秀的劳务派遣工进行薪酬动态晋升。

（3）根据社会物价生活水平、劳动力市场的变化等实际情况，动态提高劳务派遣工薪酬水平。

第二节
派遣员工劳动安全保护

一、劳动条件和劳动保护的含义

《劳动合同法》第六十二条第一款规定："用工单位应当执行国家劳动标准，提供相应的劳动条件和劳动保护。"

1. 劳动条件的含义

劳动条件，主要是指用人单位为使劳动者顺利完成劳动合同约定的工作任务，为劳动者提供必要的物质和技术条件，如必要的劳动工具、机械设备、工作场地（即工作地点）、劳动经费、辅助人员、技术资料、工具书以及其他一些必不可少的物质、技术条件和其他工作条件（劳动条件也包括劳动合同中应当约定的工作地点、工作内容与职责、岗位调整、劳动报酬薪资结构及标准、薪资调整时机与幅度等范畴）。

用人单位的劳动安全设施和劳动卫生条件不符合国家规定或者未向劳动者提供必要的劳动防护用品和劳动保护设施的，由劳动行政部门或者有关部门责令改正，可以处以罚款；情节严重的，提请县级以上人民政府决定责令停产整顿；对事故隐患不采取措施，致使发生重大事故，造成劳动者生命和财产损失的，对责任人员依照刑法有关规定追究刑事责任。

2. 劳动保护的含义

劳动保护是指用人单位为了防止劳动过程中的安全事故，采取各种措施来保障劳动者的生命安全和健康。这是由于在劳动生产过程中，存在着各种不安全、不卫生因素，如不采取措施加以保护，将会发生工伤事故。

比如，矿井作业可能发生瓦斯爆炸、冒顶、片帮、水火灾害等事故；建筑施工可能发生高空坠落、物体打击和碰撞等。

所有这些，都会危害劳动者的安全健康，妨碍工作的正常进行。国家为了保障劳动者的身体健康和生命安全，已经通过制定相应的法律和行政法规、部门规章，对用人单位应当提供的劳动保护条件进行规定。用人单位也应根据自身的具体情况，规定相应的劳动保护规则，以保证劳动者的健康和安全。

> **小提示**
>
> 保护劳动者在劳动过程中的生命健康安全是用人单位的基本责任和义务。用人单位为劳动者提供相应的劳动保护是对劳动者基本利益的维护。

二、加强派遣员工安全教育

《中华人民共和国安全生产法》第二十八条第一、二款规定如下。

生产经营单位应当对从业人员进行安全生产教育和培训，保证从业人员具备必要的安全生产知识，熟悉有关的安全生产规章制度和安全操作规程，掌握本岗位的安全操作技能，了解事故应急处理措施，知悉自身在安全生产方面的权利和义务。未经安全生产教育和培训合格的从业人员，不得上岗作业。

生产经营单位使用被派遣劳动者的，应当将被派遣劳动者纳入本单位从业人员统一管理，对被派遣劳动者进行岗位安全操作规程和安全操作技能的教育和培训。劳务派遣单位应当对被派遣劳动者进行必要的安全生产教育和培训。

可见，劳务派遣单位和用工单位都有义务加强派遣员工的安全教育。

1. 新员工三级安全教育

新入厂的员工在进入工作岗位之前，必须由厂、车间、班组对其进行劳动保护和安全知识的初步教育，以减少和避免由于安全技术知识缺乏而造成的各种人身伤害事故。新员工三级安全教育如表 6-1 所示。

表 6-1 新员工三级安全教育

级别	说明	教育内容	责任部门
厂级	对新员工或调动工作的员工以及临时工、合同工、培训及实习人员等在分配到车间和工作地	（1）安全生产的方针、政策法规和管理体制 （2）工厂的性质及其主要工艺过程 （3）本企业劳动安全卫生规章制度及状况、劳动纪律和有关事故的真实案例 （4）工厂内特别危险的地点和设备及其安全防护注意事项 （5）新员工的安全心理教育	由工厂人力资源部门和安全部门负责

续表

级别	说明	教育内容	责任部门
厂级	点之前的初步安全教育	（6）有关机械、电气、起重、运输等安全技术知识 （7）有关防火、防爆和工厂消防规程的知识 （8）有关防尘、防毒的注意事项 （9）安全防护装置和个人劳动防护用品的正确使用方法 （10）新员工的安全生产责任制等内容	
车间	对新员工或调动工作的员工在分配到车间后，进行的第二级安全教育	（1）本车间的生产性质和主要工艺流程 （2）本车间预防工伤事故和职业病的主要措施 （3）本车间的危险部位及其应注意事项 （4）本车间安全生产的一般情况及其注意事项 （5）本车间的典型事故案例 （6）新员工的安全生产职责和遵章守纪的重要性	由车间主管安全的主任负责
班组（岗位）	对新到岗位工作的员工进行的上岗之前安全教育	（1）工段或班组的工作性质、工艺流程、安全生产的概况 （2）新员工将要从事岗位的生产性质、安全生产责任制、安全操作规程以及其他有关安全知识和各种安全防护、保险装置的使用 （3）工作地点的安全生产和文明生产的具体要求 （4）容易发生工伤事故的工作地点、操作步骤和典型事故案例介绍 （5）正确使用和保管个人防护用品 （6）发生事故以后的紧急救护和自救常识 （7）工厂、车间内常见的安全标志、安全色 （8）工段或班组的安全生产职责范围	由工段、班组长开展

2. 特种作业人员安全教育

特种作业，是指容易发生人员死亡事故，对操作者本人、他人及周围设施的安全有重大危害的作业。特种作业的内容如下所示。

（1）电工作业。

（2）金属焊接切割作业。

（3）起重机械（含电梯）作业。

（4）企业内机动车辆驾驶。

（5）登高架设作业。

（6）锅炉作业（含水质化验）。

（7）压力容器操作。

（8）制冷作业。

（9）爆破作业。

（10）矿山通风作业（含瓦斯检验）。

（11）矿山排水作业（含尾矿坝作业）。

（12）由省、市、自治区、直辖市安全生产综合管理部门或国务院作业主管部门提出，并经国家经济贸易委员会批准的其他作业。

3."四新"和变换工种教育

"四新"和变换工种教育，是指采用新工艺、新材料、新设备、新产品时或员工调换工种时（因为产品调整、工艺更新，必然会有岗位、工种的改变），进行新操作方法和新工作岗位的安全教育。"四新"安全教育由技术部门负责进行，其内容主要如下。

（1）新工艺、新产品、新设备、新材料的特点和使用方法。

（2）投产使用后可能导致的新的危害因素及其防护方法。

（3）新产品、新设备的安全防护装置的特点和使用方法。

（4）新制定的安全管理制度及安全操作规程的内容和要求。

"四新"和变换工种人员教育后要进行考试，合格后，要填写"'四新'和变换工种人员安全教育登记表"。

4.复工教育

复工教育是指职工离岗三个月以上的（包括三个月）和工伤后上岗前的安全教育。教育内容及方法和车间、班组教育相同。复工教育后要填写"复工安全教育登记表"。

5.复训教育

复训教育的对象是特种作业人员。由于特种作业人员不同于其他一般工种，它在生产活动中担负着特殊的任务，危险性较大，容易发生重大事故。一旦发生事故，对整个企业的生产就会产生较大的影响，因此必须进行专门的复训训练。按国家规定，每隔两年要进行一次复训，由设备、教育部门编制计划，聘请教员上课。企业应建立"特种作业人员复训教育卡"。

6.全员安全教育

全员教育实际上就是每年对全厂职工进行安全生产的再教育。许多工伤事故表明，生产工人安全教育隔了一段较长时间后对安全生产会逐渐淡薄，因此必须通过全员复训教育提高职工的安全意识。

企业全员安全教育由安检部门组织，车间、科室配合，可采取安全报告会、演讲会、职工讨论会的方式进行。

7. 企业日常性教育

如定期的班组安全学习、工作检查、工作交接制等教育；不定期的事故分析会、事故现场说教、典型经验宣传教育等；企业应用广播、闭路电视、墙报等工具进行的安全宣传教育。

8. 其他教育

（1）季节教育。结合不同季节中安全生产的特点，开展有针对性、灵活多样的超前思想教育。

（2）节日教育。节日教育就是在各种节假日的前后组织的有针对性的安全教育。国内的各种统计表明，节假日前后是各种责任事故的高发时期，甚至可达平时的几倍，其主要原因是因为节假日前后职工的情绪波动大。

（3）检修前的安全教育。许多行业的生产装置都要定期进行大、小检修。检修工作非常关键，因为检修时，任务紧、人员多、人员杂、交叉作业多、检修项目多。所以要把住检修前的安全教育关，教育的内容包括动火、监火管理制度，设备进入制度，各种防护用品的穿戴，检修十大禁令，进入检修现场的五个必须遵守等。除此之外，检修人员、管理人员都要做到有安排、有计划、分工合理、项目清。

三、保证作业环境安全

在意外事故的发生中环境因素不可忽视，通常脏乱的工作环境、不合理的工厂布置、不合理的搬运工具、采光与照明不好、危险的工作场所都容易造成事故发生，因而，在安全防范中，劳务派遣单位应督促用工单位对作业环境加以关注。

1. 创造舒适的作业环境

（1）经常换气。

（2）确保通道安全。

（3）整备修好地面。

（4）彻底整理整顿。

（5）适当改进照明条件。

（6）改进温度条件。

2. 安全彩色和标志

机械或作业班环境的彩色调谐效果。

（1）使作业环境舒适。

（2）减少眼睛疲劳。

（3）增强注意力。

（4）标示危险。

（5）使整理整顿容易做。

3. 工作场所的明亮度

注意以下各项，确定明亮度。

（1）根据作业要求确定适当的照度。

（2）一般作业灯光晃眼。

（3）光源不动摇。

（4）对作业表面和作业面的明亮度不要有很大的差别。

（5）对光亮的颜色要求应适合作业的性质。

4. 现场巡视关注作业环境

平时各级管理者在对生产现场进行巡视时要特别留意以下事项。

（1）作业现场的采光与照明是否足够？

（2）通气状况是否良好？

（3）作业现场是否充满了碎铁屑与木块？是否会影响作业？

（4）作业现场的通路是否够宽？是否有阻碍物存在？

（5）作业现场的地板上是否有油或水？对员工的作业是否会产生影响？

（6）作业现场的窗户是否擦得很干净？

（7）防火设备是否能正常地发挥功能？是否做了定期的检查？

（8）载货的手推车在不使用的时候，是否有随地放置？是否放在指定点？

（9）作业安全倡导的标语，是否贴在最引人注意的地方？

（10）经常使用的楼梯、货品放置台，是否有摆置在不良的地方？

（11）设备装置与机械是否依安全手册的规定置于最正确的地点？

（12）机械的运转状况是否正常？润滑油装填的地方是否有油漏到作业地板上？

（13）下雨天时，雨伞与伞具是否放置在规定的地方？

（14）作业现场是否置有危险品？其管理是否妥善？是否做了定期检查？

（15）作业现场入口的门是否处于最容易开启的状态？

（16）放置废物与垃圾的地方，是否通风系统良好？

（17）日光灯的台座是否牢固？是否清理得很干净？

（18）电气装置的开关或插座，是否有脱落的地方？

（19）机械设备的附属工具是否凌乱地放置在各处？

四、提供必要的防护用品

《劳动法》第五十四条规定:"用人单位必须为劳动者提供符合国家规定的劳动安全卫生条件和必要的劳动防护用品,对从事有职业危害作业的劳动者应当定期进行健康检查。"

《安全生产法》第四十五条规定:"生产经营单位必须为从业人员提供符合国家标准或者行业标准的劳动防护用品,并监督、教育从业人员按照使用规则佩戴、使用。"

1. 配备能保安全的防护用品

防护用品有许多,究竟用哪些防护用品,必须按企业的实际情况给员工配备最适当的。配备防护用品时可参考表6-2所示的要求。

表6-2 配备防护用品的情况

序号	情况说明	合适的防护用品
1	(1) 有灼伤、烫伤或者容易发生机械外伤等危险的操作 (2) 在强烈辐射热或者低温条件下的操作 (3) 散放毒性、刺激性、感染性物质或者大量粉尘的操作 (4) 经常使衣服腐蚀、潮湿或者特别肮脏的操作	工作服或者围裙,工作帽、口罩、手套、护腿和鞋盖
2	在有危害健康的气体、蒸气或者粉尘的场所操作的人员	口罩、防护眼镜和防毒面具
3	工作中产生有毒的粉尘和烟气,可能伤害口腔、鼻腔、眼睛、皮肤的	工人漱洗药水或者防护药膏
4	在有噪声、强光、辐射热和飞溅火花、碎片、刨屑的场所操作的人员	护耳器、防护眼镜、面具和帽盔等
5	经常站在有水或者其他液体的地面上操作的人员	防水靴或者防水鞋等
6	高空作业人员	安全带
7	电气操作人员	绝缘靴、绝缘手套等
8	经常在露天工作的人员	防晒、防雨的用具
9	在寒冷气候中必须露天进行工作的人员	御寒用品
10	在有传染疾病危险的生产部门中	洗手用的消毒剂,所有工具、工作服和防护用品,必须由工厂负责定期消毒
11	产生大量一氧化碳等有毒气体的工厂	防毒救护用具,必要的时候应该设立防毒救护站

2.监督员工穿戴劳保用品

劳保用品的最大作用就是保护员工在工作过程中免受伤害或者防止形成职业病。但实际生产中因为员工对此意义理解不够,认为劳保用品碍手碍脚,是妨碍工作的累赘。这样,就要求企业应持续不断地加强教育,严格要求,使之形成习惯,绝不能视而不见。

《中华人民共和国安全生产法》第四十四条规定如下。

生产经营单位应当教育和督促从业人员严格执行本单位的安全生产规章制度和安全操作规程;并向从业人员如实告知作业场所和工作岗位存在的危险因素、防范措施以及事故应急措施。

生产经营单位应当关注从业人员的身体、心理状况和行为习惯,加强对从业人员的心理疏导、精神慰藉,严格落实岗位安全生产责任,防范从业人员行为异常导致事故发生。

五、及时排查和处理安全隐患

《安全生产法》第四十六条规定如下。

生产经营单位的安全生产管理人员应当根据本单位的生产经营特点,对安全生产状况进行经常性检查;对检查中发现的安全问题,应当立即处理;不能处理的,应当及时报告本单位有关负责人,有关负责人应当及时处理。检查及处理情况应当如实记录在案。

生产经营单位的安全生产管理人员在检查中发现重大事故隐患,依照前款规定向本单位有关负责人报告,有关负责人不及时处理的,安全生产管理人员可以向主管的负有安全生产监督管理职责的部门报告,接到报告的部门应当依法及时处理。

对此,劳务派遣单位应当督促用工单位建立完善的安全生产检查体系,并明确检查内容及方法,发现安全隐患要及时整改及处理。

1.建立完善的检查体系

不同的行业、不同的岗位对安全生产的要求也不相同,用工单位可以根据自身的实际情况,建立合适的安全检查体系。

如表6-3所示的是××企业建立的安全检查体系。

表6-3 ××企业建立的安全检查体系

序号	检查类型	具体说明
1	厂级检查	(1)由公司安委会组织相关部门人员参加,每月在全公司范围内进行一次安全检查。平时组织不定期的抽查。对于新完成的工艺项目,特殊设备投产以及厂房改建等再进行特殊安全检查 (2)安全办对全公司进行的定期和不定期的安全检查

续表

序号	检查类型	具体说明
2	车间检查	由车间主任组织主管及部门安全员负责对本车间进行定期安全检查
3	班组检查	由班组长组织本组人员对本班组的设备进行连续性的检查
4	机动巡查	由保安组保安员负责对全厂进行周期性的巡查
5	专业检查	通常由维修部主任及领班、相关技术人员组成,负责对全厂特种设备、电气设备等专业性的安全检查。电梯、压力容器、行车等特种设备由维修保养公司负责定期安全检查、年审,维修部负责日常运行检查

2.检查项目、内容及方法

检查项目、内容及方法如表6-4所示。

表6-4 安全检查项目、内容及方法

序号	检查项目	检查内容	检查方法
1	安全生产责任制	检查各部门、各级管理员和员工是否明确自身的安全职责,是否履行自身的安全职责	检查文件资料、现场提问
2	安全操作规程	(1)检查是否建立各岗位安全操作规程或操作指引,员工对操作程序和要求是否明确 (2)员工是否有违章操作的行为现象	提问或检查培训记录,检查现场或记录
3	安全检查	检查是否建立各级安全检查组,各检查组是否按公司检查制度进行安全检查,是否及时落实安全整改	检查整改记录是否存盘
4	安全宣传教育	(1)检查新入厂员工是否有接受厂级与岗前培训 (2)检查特种作业人员是否持有效操作证上岗 (3)检查是否开展安全宣传教育活动	检查培训内容和记录,检查证件
5	用电安全	(1)各种电气设备档案是否齐全 (2)电气线路敷设是否规范,有无乱拉乱接现象存在 (3)绝缘导线外皮有无破损、老化现象 (4)临时线路电源线是否采用完整的、带保护线的多股铜芯橡胶护套软电缆或护套软线 (5)漏电保护装置、开关等是否完整有效,指示是否正确,是否使用带保护接零极的插座(单相三孔、三相四孔) (6)熔丝是否按额定值选用,是否有用"非熔丝"代替的状况 (7)是否存在直接将导线插在插座上使用的现象	检查图纸数据、运行使用记录、保养维修记录、故障处理记录,现场察看

续表

序号	检查项目	检查内容	检查方法
5	用电安全	（8）有无接零或接地，保护接零或接地是否完好（接地电阻不大于4欧，保护接零线重复接地电阻不大于10欧） （9）用电设备的绝缘电阻值是否符合规定，有无定期检查记录 （10）移动电气设备和手持电动工具是否装设漏电保护器，是否做到"一机一闸一漏"（一台用电设备必须配备专用的开关和漏电保护器） （11）移动电气设备和手持电动工具的防护罩盖、手柄及开关是否完好可靠、有无松动破损	
6	机械设备	（1）是否建立机械设备及其各种保护装置使用管理制度 （2）现场设备前是否张贴安全操作规程或操作指引 （3）是否定期开展机械设备及其各种保护装置安全检查和维修保养 （4）是否进行机械设备安全运行（或上班前），检查交接班记录 （5）机械操作员是否经过培训并持有合格上岗证 （6）冲压机等危险设备是否按规定配备安全防护装置，其防护装置是否可靠有效 （7）机械设备的运动（转动）部件、传动（传输）装置是否安装防护装置，或是否采取其他有效的防护措施	检查维修保养、培训记录，现场抽查
7	作业环境	（1）通风、照明、噪声是否符合作业要求，通风、照明、屏蔽设备、设施是否完好 （2）生产材料、半成品、成品和废料等有无乱堆乱放，过道和安全出口是否通畅 （3）生产区域地面是否平坦、整洁、功能区划分是否恰当 （4）作业台面设置和摆设是否合理，有无阻碍员工作业和紧急情况下的疏散行动	现场巡查

3.安全隐患的整改及处理

（1）通过检查发现安全隐患后，实时向安全责任部门及安全责任人下发《隐患整改通知书》。

（2）安全责任部门及安全责任人经接到检查组的《隐患整改通知书》后，必须及时对存在的安全隐患予以整改。

（3）检查组于整改期限到期内跟踪整改结果，如责任部门没按要求整改或拒绝整改的，将依据公司《安全生产奖惩制度》对相关安全责任人予以处罚。

六、做好安全警示标识

《安全生产法》第三十五条规定："生产经营单位应当在有较大危险因素的生产经营场所和有关设施、设备上，设置明显的安全警示标志。"

1. 安全标语和标准作业广告牌

（1）安全标语。可在作业区域的各个地方张贴安全标语，提醒大家注意安全，降低意外事件的发生。

（2）标准作业广告牌。通过标准作业的广告牌，使大家在作业时，能有一些安全示范，避免意外事件的出现。

2. 安全图画与标示

生产作业现场内，有一些地方，如机器运作半径的范围内、高压供电设施的周围、有毒物品的存放场所等，如果不小心的话，很容易发生事故。所以，基于安全上的考虑，这些地方应被规划为禁区。

大多数员工知道要远离这些禁区，但时间一长，其警觉性就会降低，意外潜在的发生概率则无形中增加，所以一定要采取目视的方式时时予以警示。

（1）在危险地区的外围上，围一道铁栏杆，让人们即使是想进入，也无路可走；铁栏杆上最好再标上如"高压危险，请勿走近"的文字警语。

（2）若没办法架设铁栏杆，可以在危险的部位，漆上代表危险的红漆，让大家警惕。

3. 画上"老虎线"

在某些比较危险但人们又容易疏忽的区域或通道上，在地面画上"老虎线"（一条一条黄黑相间的斑纹线），借由人们对老虎的恐惧来提醒员工的注意，告诉员工，现在已经步入工厂"老虎"出没的地区，为了自身的安全，每个人都要多加小心。

4. 限高标示

场地不够用，许多工厂就会动"夹层屋"的脑筋，即向高空发展。因为一般工厂的厂房比普通的建筑物要高出许多，所以这种夹层屋可以说是一种充分利用空间的好方法。但它本身也会给企业带来一些负面影响，最主要的就是搬运的问题。因为这种夹层屋把厂房的高度截半，所以搬运高度就受到了限制。如果搬运的人没有注意到高度限制的话，很可能会碰撞到夹层屋屋顶，那么搬运人员最好运用目视的方法注意到高度的限制。

（1）红线管理。假设厂房内搬运的高度是设限在 5 米，在通道旁的墙壁上，从地面向上量起 5 米的地方，画上一条红线，让搬运人员目测判断，他所运送的东西的高度是否超过了 5 米红线。

（2）防撞栏网。在通道设置防撞栏网，这个网的底部，距离地面的高度是 5 米，当搬运的东西的高度超过 5 米的话，会先碰到这个栏网，但并不会损害到所搬运的物品，它会发出一个信号，让搬运的人很容易知道超过限高，从而采取相应措施。

第三节 派遣员工职业健康防护

一、明确双方的责任和义务

劳务派遣的最大特点是劳动力雇佣与劳动者使用相分离，被派遣员工不与用工单位签订劳动合同，而是与派遣单位签订劳动合同，形成"有关系无劳动，有劳动无关系"的特殊状态。

对此，派遣单位应与用工单位订立劳务派遣协议，明确双方在职业健康监护、职业病诊断治疗等职业病防护中的责任和义务等内容。

比如，派遣单位承担对劳动者职业健康检查、职业病诊疗、康复等职业健康管理的责任；用工单位必须为劳动者提供符合职业卫生标准和要求的工作场所，对劳务派遣工进行职业卫生培训，督促指导劳动者严格按照职业卫生操作规程作业和正确使用职业病防护设备及个人防护用品，在职业病诊断时提供作业场所职业病危害因素检测等资料。

劳务派遣员工因在用工单位工作过程中职业病危害因素造成身体健康损害的，由派遣单位与用工单位按照劳务派遣协议约定或法律规定承担连带赔偿责任。

二、开展职业健康安全宣传与教育

职业健康安全宣传与教育是职业健康监管的一项重要基础性工作，是贯彻落实职业病防治工作"预防为主、防治结合"方针的具体体现。

1. 职业健康安全宣传

无论是劳务派遣单位，还是用工单位，都要对派遣员工进行职业健康安全宣传，可采取如图6-5所示的形式进行宣传。

利用公示栏、黑板报（墙报）、厂报、公示栏、会议、培训、张贴标语等形式定期开展职业健康安全宣传

部门、车间要利用班前会、班后会、安全报阅读、现场岗位职业病危害讲解以及职业病危害标志牌标识、公告栏等进行职业健康安全宣传

图6-5 职业健康安全宣传措施

2. 职业健康安全教育

劳动者应当学习和掌握相关的职业卫生知识，增强职业病防范意识，遵守职业病防治法律、法规、规章和操作规程，正确使用、维护职业病防护设备和个人使用的职业病防护用品，发现职业病危害事故隐患应当及时报告。

劳务派遣员工不履行上述规定义务的，劳务派遣单位应当对其进行教育。

劳务派遣单位应督促用工单位依法告知派遣员工在工作过程中可能产生的职业病危害及其后果，对派遣员工进行劳动安全卫生教育和培训，提供必要的职业危害防护措施和待遇，预防劳动过程中的事故，减少职业危害。

三、职业病危害告知

职业病危害告知是指用人单位通过与劳动者签订劳动合同、公告、培训等方式，使劳动者知晓工作场所产生或存在的职业病危害因素、防护措施、对健康的影响以及健康检查结果等的行为。

产生职业病危害的用工单位应将工作过程中可能接触的职业病危害因素的种类、危害程度、危害后果、提供的职业病防护设施、个人使用的职业病防护用品、职业健康检查和相关待遇等如实告知劳动者，不得隐瞒或者欺骗。

1. 劳动合同告知

劳务派遣单位与劳动者订立劳动合同时，应当在劳动合同中写明工作过程可能产生的职业病危害及其后果、职业病危害防护措施和待遇（岗位津贴、工伤保险等）等内容。同时，以书面形式告知劳务派遣人员。格式合同文本内容不完善的，应以合同附件形式签署职业病危害告知书。

2. 公告栏告知

产生职业病危害的用工单位应当设置公告栏，公布本单位职业病防治的规章制度等内容，具体要求如图6-6所示。

设置在办公区域的公告栏，主要公布本单位的职业卫生管理制度和操作规程等

设置在工作场所的公告栏，主要公布存在的职业病危害因素及岗位、健康危害、接触限值、应急救援措施，以及工作场所职业病危害因素检测结果、检测日期、检测机构名称等

图6-6 公告栏告知的要求

3. 岗位培训告知

劳务派遣单位与用工单位应对劳动者进行上岗前的职业卫生培训和在岗期间的定期职业卫生培训，使劳动者知悉工作场所存在的职业病危害，掌握有关职业病防治的规章制度、操作规程、应急救援措施、职业病防护设施和个人防护用品的正确使用、维护方法及相关警示标识的含义，并经书面和实际操作考试，合格后方可上岗作业。

用人用工单位要按照规定组织从事接触职业病危害作业的劳动者进行上岗前、在岗期间和离岗时的职业健康检查，并将检查结果书面告知劳动者本人。用人用工单位书面告知文件要留档备查。

4. 现场警示告知

用工单位应当在可能产生职业病危害的作业岗位的醒目位置，设置警示标识、警示线、警示信号、自动报警、通信报警装置、警示语句和中文警示说明。警示说明应当载明产生职业病危害的种类、后果、预防和应急处置措施等内容。警示标识分为禁止标识、警告标识、指令标识、提示标识和警示线。

存在或产生高毒物品的作业岗位，应当按照《高毒物品作业岗位职业病危害告知规范》(GBZ/T 203)的规定，在醒目位置设置高毒物品告知卡，告知卡上应当载明高毒物品的名称、理化特性、健康危害、防护措施及应急处理等内容与警示标识。

有毒、有害及放射性的原材料或产品的包装必须设置醒目的警示标识和中文警示说明。

四、职业病危害警示标识

职业病危害警示标识是指在工作场所中设置的可以提醒劳动者对职业病危害产生警觉并采取相应防护措施的图形标识、警示线、警示语句和文字说明以及组合使用的标识等。

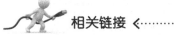

《用人单位职业病危害告知与警示标识管理规范》节选

第三章 职业病危害警示标识

第十二条 用工单位应在产生或存在职业病危害因素的工作场所、作业岗位、设备、材料（产品）包装、储存场所设置相应的警示标识。

第十三条 产生职业病危害的工作场所，应当在工作场所入口处及产生职业病危害的作业岗位或设备附近的醒目位置设置警示标识。

（一）产生粉尘的工作场所设置"注意防尘""戴防尘口罩""注意通风"等警示标识，对皮肤有刺激性或经皮肤吸收的粉尘的工作场所还应设置"穿防护服""戴防护手套""戴防护眼镜"，产生含有有毒物质的混合性粉（烟）尘的工作场所应设置"戴防尘毒口罩"。

（二）放射工作场所设置"当心电离辐射"等警示标识，在开放性同位素工作场所设置"当心裂变物质"。

（三）有毒物品工作场所设置"禁止入内""当心中毒""当心有毒气体""必须洗手""穿防护服""戴防毒面具""戴防护手套""戴防护眼镜""注意通风"等警示标识，并标明"紧急出口""救援电话"等警示标识。

（四）能引起职业性灼伤或腐蚀的化学品工作场所，设置"当心腐蚀""腐蚀性""遇湿具有腐蚀性""当心灼伤""穿防护服""戴防护手套""穿防护鞋""戴防护眼镜""戴防毒口罩"等警示标识。

（五）产生噪声的工作场所设置"噪声有害""戴护耳器"等警示标识。

（六）高温工作场所设置"当心中暑""注意高温""注意通风"等警示标识。

（七）能引起电光性眼炎的工作场所设置"当心弧光""戴防护镜"等警示标识。

（八）生物因素所致职业病的工作场所设置"当心感染"等警示标识。

（九）存在低温作业的工作场所设置"注意低温""当心冻伤"等警示标识。

（十）密闭空间作业场所出入口设置"密闭空间作业危险""进入需许可"等警示标识。

(十一)产生手传振动的工作场所设置"振动有害""使用设备时必须戴防振手套"等警示标识。

(十二)能引起其他职业病危害的工作场所设置"注意××危害"等警示标识。

第十四条 生产、使用有毒物品工作场所应当设置黄色区域警示线。生产、使用高毒、剧毒物品工作场所应当设置红色区域警示线。警示线设在生产、使用有毒物品的车间周围外缘不少于30厘米处,警示线宽度不少于10厘米。

第十五条 开放性放射工作场所监督区设置黄色区域警示线,控制区设置红色区域警示线;室外、野外放射工作场所及室外、野外放射性同位素及其储存场所应设置相应警示线。

第十六条 对产生严重职业病危害的作业岗位,除按本规范第十三条的要求设置警示标识外,还应当在其醒目位置设置职业病危害告知卡(以下简称告知卡)。

告知卡应当标明职业病危害因素名称、理化特性、健康危害、接触限值、防护措施、应急处理及急救电话、职业病危害因素检测结果及检测时间等。

符合以下条件之一,即为产生严重职业病危害的作业岗位。

1. 存在硅尘或石棉粉尘的作业岗位。

2. 存在"致癌""致畸"等有害物质或者可能导致急性职业性中毒的作业岗位。

3. 放射性危害作业岗位。

第十七条 使用可能产生职业病危害的化学品、放射性同位素和含有放射性物质的材料的,必须在使用岗位设置醒目的警示标识和中文警示说明,警示说明应当载明产品特性、主要成分、存在的有害因素、可能产生的危害后果、安全使用注意事项、职业病防护以及应急救治措施等内容。

第十八条 储存可能产生职业病危害的化学品、放射性同位素和含有放射性物质材料的场所,应当在入口处和存放处设置"当心中毒""当心电离辐射""非工作人员禁止入内"等警示标识。

第十九条 使用可能产生职业病危害的设备的,除按本规范第十三条的要求设置警示标识外,还应当在设备醒目位置设置中文警示说明。警示说明应当载明设备性能、可能产生的职业病危害、安全操作和维护注意事项、职业病防护以及应急救治措施等内容。

第二十条 为用人单位提供可能产生职业病危害的设备或可能产生职业病危害的化学品、放射性同位素和含有放射性物质的材料的,应当依法在设备或者材料的包装上设置警示标识和中文警示说明。

第二十一条 高毒、剧毒物品工作场所应急撤离通道设置"紧急出口",泄险区启用时应设置"禁止入内""禁止停留"等警示标识。

第二十二条 维护和检修装置时产生或可能产生职业病危害的,应在工作区域设置相应的职业病危害警示标识。

第四章 公告栏与警示标识的设置

第二十三条 公告栏应设置在用人单位办公区域、工作场所入口处等方便劳动者观看的醒目位置。告知卡应设置在产生或存在严重职业病危害的作业岗位附近的醒目位置。

第二十四条 公告栏和告知卡应使用坚固材料制成，尺寸大小应满足内容需要，高度应适合劳动者阅读，内容应字迹清楚、颜色醒目。

第二十五条 用人单位多处场所都涉及同一职业病危害因素的，应在各工作场所入口处均设置相应的警示标识。

第二十六条 工作场所内存在多个产生相同职业病危害因素的作业岗位的，临近的作业岗位可以共用警示标识、中文警示说明和告知卡。

第二十七条 警示标识（不包括警示线）采用坚固耐用、不易变形变质、阻燃的材料制作。有触电危险的工作场所使用绝缘材料制作。可能产生职业病危害的设备及化学品、放射性同位素和含放射性物质的材料（产品）包装上，可直接粘贴、印刷或者喷涂警示标识。

第二十八条 警示标识设置的位置应具有良好的照明条件。井下警示标识应用反光材料制作。

第二十九条 公告栏、告知卡和警示标识不应设在门窗或可移动的物体上，其前面不得放置妨碍认读的障碍物。

第三十条 多个警示标识在一起设置时，应按禁止、警告、指令、提示类型的顺序，先左后右、先上后下排列。

第三十一条 警示标识的规格要求等按照《工作场所职业病危害警示标识》（GBZ 158）执行。

第五章 公告栏与警示标识的维护更换

第三十二条 公告栏中公告内容发生变动后应及时更新，职业病危害因素检测结果应在收到检测报告之日起 7 日内更新。

生产工艺发生变更时，应在工艺变更完成后 7 日内补充完善相应的公告内容与警示标识。

第三十三条 告知卡和警示标识应至少每半年检查一次，发现有破损、变形、变色、图形符号脱落、亮度老化等影响使用的问题时应及时修整或更换。

第三十四条 用人单位应按照《国家安全监管总局办公厅关于印发职业卫生档案管理规范的通知》（安监总厅安健〔2013〕171号）的要求，完善职业病危害告知与警示标识档案材料，并将其存放于本单位的职业卫生档案。

五、开展职业健康检查

对从事接触职业病危害作业的劳动者,用人单位应当按照国务院卫生行政部门的规定组织上岗前、在岗期间和离岗时的职业健康检查,并将检查结果书面告知劳动者。

1. 上岗前健康检查

上岗前健康检查的主要目的是发现有无职业禁忌证,建立接触职业病危害因素人员的基础健康档案。上岗前健康检查均为强制性职业健康检查,应在开始从事有害作业前完成。下列人员应进行上岗前健康检查。

(1)拟从事接触职业病危害因素作业的新录用人员,包括转岗到该种作业岗位的人员。

(2)拟从事有特殊健康要求作业的人员,如高处作业、电工作业、职业机动车驾驶作业等。

2. 在岗期间定期健康检查

长期从事规定的需要开展健康监护的职业病危害因素作业的员工,应进行在岗期间的定期健康检查。定期健康检查的目的如图6-7所示。

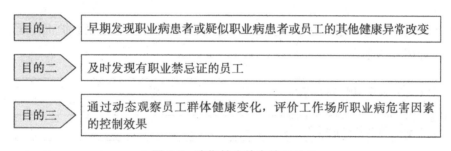

图6-7 定期健康检查的目的

> **小提示**
>
> 定期健康检查的周期根据不同职业病危害因素的性质、工作场所有害因素的浓度或强度、目标疾病的潜伏期和防护措施等因素决定。

3. 离岗时健康检查

员工在准备调离或脱离所从事的职业病危害的作业或岗位前,应进行离岗时健康检查。主要目的是确定其在停止接触职业病危害因素时的健康状况。如果最后一次在岗期间的健康检查是在离岗前的90日内,可视为离岗时健康检查。

4. 离岗后医学随访检查

如接触的职业病危害因素具有慢性健康影响，或有较长的潜伏期，在脱离接触后仍有可能发生职业病，需进行医学随访检查。

比如，肺沉着病患者在离岗后需进行医学随访检查。随访时间的长短应根据有害因素致病的流行病学及临床特点、员工从事该作业的时间长短、工作场所有害因素的浓度等因素综合考虑确定。

5. 应急健康检查

当发生急性职业病危害事故时，对遭受或者可能遭受急性职业病危害的员工，应及时组织健康检查。依据检查结果和现场劳动卫生学调查，确定危害因素，为急救和治疗提供依据，控制职业病危害的继续蔓延和发展。应急健康检查应在事故发生后立即开始。

从事可能产生职业性传染病作业的员工，在疫情流行期或近期密切接触传染源者，应及时开展应急健康检查，随时监测疫情动态。

六、进行职业健康监护

劳务派遣单位应当建立健全职业健康监护制度，保证职业健康监护工作顺利开展，具体措施如图 6-8 所示。

01	制定健康体检制度
02	发现有职业病及时报告
03	建立符合要求的职业健康监护档案并妥善保管
04	禁止有职业禁忌证的员工从事其所禁忌的作业
05	调离并妥善安置有职业健康损害的员工
06	未进行离岗前职业健康检查，不得解除或者终止劳动合同
07	禁止安排未成年工从事接触职业病危害的作业
08	不安排孕期、哺乳期的女员工从事对其本人和胎儿、婴儿有危害的作业
09	给予从事接触职业病危害作业的员工适当岗位津贴

图 6-8 进行职业健康监护的措施

1. 制定健康体检制度

为使职业健康体检成为一项规范化的工作，并能贯彻执行，劳务派遣单位应按照相关法律法规的要求制定职业健康体检制度，并公布实施。职业健康体检制度的内容包括以下几个方面。

（1）制定制度的目的。

（2）适用范围。

（3）对相关术语的解析。

（4）责任部门及其责任。

（5）具体规定。这方面的内容非常丰富，包括健康检查的类别、检查项目、时间的安排、健康检查中发现有与从事的职业有关的健康损害的劳动者及职业禁忌证者的处理要求、体检和诊断结果的登记与报告要求、健康检查和职业病损害诊疗费用管理、健康检查的归档与管理等方面。

2. 发现有职业病及时报告

由于派遣员工的实际工作地点在用工单位，派遣员工发生职业病后也是用工单位第一时间知晓的，因此劳务派遣单位应当与用工单位保持沟通，一旦发现职业病病人或者疑似职业病病人时，要求用工单位应当及时向所在地卫生行政部门报告，并知会劳务派遣单位。确诊为职业病的，用工单位还应当向所在地劳动保障行政部门报告。

3. 建立符合要求的职业健康监护档案并妥善保管

《职业病防治法》第三十六条有如下规定。

用人单位应当为劳动者建立职业健康监护档案，并按照规定的期限妥善保存。

职业健康监护档案应当包括劳动者的职业史、职业病危害接触史、职业健康检查结果和职业病诊疗等有关个人健康资料。

劳动者离开用人单位时，有权索取本人职业健康监护档案复印件，用人单位应当如实、无偿提供，并在所提供的复印件上签章。

4. 禁止有职业禁忌证的员工从事其所禁忌的作业

职业健康监护应涵盖对职业禁忌证的处理，劳务派遣单位应该根据工作场所职业有害因素的特点，按工种确定其相应的职业禁忌证，并根据职业健康监护结果，按照国家的有关规定，对患有职业禁忌证的员工进行妥善处理。

（1）如果是在上岗前体检发现的，不能安排患有职业禁忌证的员工从事其所禁忌的作业。

（2）如果是在岗期间发现的，应将员工从禁忌的作业岗位调离。

5. 调离并妥善安置有职业健康损害的员工

妥善处理已发生职业健康损害的员工是职业健康监护的重要内容。劳务派遣单位在员工在岗期间的定期体检中，一旦发现员工出现与所从事的职业相关的健康损害，应将其调离原岗位，做好再就业的技术培训，并进行妥善安置，包括调换工种和岗位、医学观察、诊断、治疗和疗养等一系列措施。

6. 未进行离岗前职业健康检查，不得解除或者终止劳动合同

员工在离岗前，劳务派遣单位应无偿为员工进行离岗前职业健康检查，没有进行检查的不得解除或者终止劳动合同。

7. 禁止安排未成年工从事接触职业病危害的作业

未成年工的身体、组织、器官尚未完全成熟，对职业病危害因素更为敏感，后果更为严重，因此企业不得安排未成年工从事接触职业病危害的作业。未成年工是指年满十六周岁、未满十八周岁的员工。

8. 不安排孕期、哺乳期的女员工从事对其本人和胎儿、婴儿有危害的作业

孕期和哺乳期女员工接触职业病危害因素，不仅可能对员工本人产生职业病危害，也可能通过胎盘或哺乳影响胎儿或婴儿的健康，因此劳务派遣单位不得安排孕期、哺乳期的女员工从事对其本人和胎儿、婴儿有危害的作业。

9. 给予从事接触职业病危害作业的员工适当岗位津贴

劳务派遣单位应参照国家现有岗位津贴标准发放，建设项目设计应按国家标准将岗位津贴纳入职业卫生项目设计进行概算，增加岗位员工生理健康保健投入，保障员工健康权益。劳务派遣单位和用工单位应按照国家标准足额发放岗位津贴。岗位津贴（保健费）的发放标准应以制度的形式确定，并在与员工签订的劳动合同中予以明确。

相关链接

《职业病防治法》有关劳动过程中的防护与管理的规定

第二十条　用人单位应当采取下列职业病防治管理措施。

（一）设置或者指定职业卫生管理机构或者组织，配备专职或者兼职的职业卫生管理人员，负责本单位的职业病防治工作。

（二）制定职业病防治计划和实施方案。

（三）建立、健全职业卫生管理制度和操作规程。

（四）建立、健全职业卫生档案和劳动者健康监护档案。

（五）建立、健全工作场所职业病危害因素监测及评价制度。

（六）建立、健全职业病危害事故应急救援预案。

第二十一条　用人单位应当保障职业病防治所需的资金投入，不得挤占、挪用，并对因资金投入不足导致的后果承担责任。

第二十二条　用人单位必须采用有效的职业病防护设施，并为劳动者提供个人使用的职业病防护用品。

用人单位为劳动者个人提供的职业病防护用品必须符合防治职业病的要求；不符合要求的，不得使用。

第二十三条　用人单位应当优先采用有利于防治职业病和保护劳动者健康的新技术、新工艺、新设备、新材料，逐步替代职业病危害严重的技术、工艺、设备、材料。

第二十四条　产生职业病危害的用人单位，应当在醒目位置设置公告栏，公布有关职业病防治的规章制度、操作规程、职业病危害事故应急救援措施和工作场所职业病危害因素检测结果。

对产生严重职业病危害的作业岗位，应当在其醒目位置设置警示标识和中文警示说明。警示说明应当载明产生职业病危害的种类、后果、预防以及应急救治措施等内容。

第二十五条　对可能发生急性职业损伤的有毒、有害工作场所，用人单位应当设置报警装置，配置现场急救用品、冲洗设备、应急撤离通道和必要的泄险区。

对放射工作场所和放射性同位素的运输、储存，用人单位必须配置防护设备和报警装置，保证接触放射线的工作人员佩戴个人剂量计。

对职业病防护设备、应急救援设施和个人使用的职业病防护用品，用人单位应当进行经常性的维护、检修，定期检测其性能和效果，确保其处于正常状态，不得擅自拆除或者停止使用。

第二十六条　用人单位应当实施由专人负责的职业病危害因素日常监测，并确保监测系统处于正常运行状态。

用人单位应当按照国务院卫生行政部门的规定，定期对工作场所进行职业病危害因素检测、评价。检测、评价结果存入用人单位职业卫生档案，定期向所在地卫生行政部门报告并向劳动者公布。

职业病危害因素检测、评价由依法设立的取得国务院卫生行政部门或者设区的市级以上地方人民政府卫生行政部门按照职责分工给予资质认可的职业卫生技术服务机构进行。职业卫生技术服务机构所做的检测、评价应当客观、真实。

发现工作场所职业病危害因素不符合国家职业卫生标准和卫生要求时，用人单位应当立即采取相应治理措施,仍然达不到国家职业卫生标准和卫生要求的,必须停止存在职业病危害因素的作业;职业病危害因素经治理后,符合国家职业卫生标准和卫生要求的,方可重新作业。

第三十七条 发生或者可能发生急性职业病危害事故时,用人单位应当立即采取应急救援和控制措施,并及时报告所在地卫生行政部门和有关部门。卫生行政部门接到报告后,应当及时会同有关部门组织调查处理;必要时,可以采取临时控制措施。卫生行政部门应当组织做好医疗救治工作。

对遭受或者可能遭受急性职业病危害的劳动者,用人单位应当及时组织救治、进行健康检查和医学观察,所需费用由用人单位承担。

第三十八条 用人单位不得安排未成年工从事接触职业病危害的作业;不得安排孕期、哺乳期的女职工从事对本人和胎儿、婴儿有危害的作业。

第三十九条 劳动者享有下列职业卫生保护权利。

(一)获得职业卫生教育、培训。

(二)获得职业健康检查、职业病诊疗、康复职业病防治服务。

(三)了解工作场所产生或者可能产生的职业病危害因素、危害后果和应当采取的职业病防护措施。

(四)要求用人单位提供符合防治职业病要求的职业病防护设施和个人使用的职业病防护用品,改善工作条件。

(五)对违反职业病防治法律、法规以及危及生命健康的行为提出批评、检举和控告。

(六)拒绝违章指挥和强令进行没有职业病防护措施的作业。

(七)参与用人单位职业卫生工作的民主管理,对职业病防治工作提出意见和建议。

用人单位应当保障劳动者行使前款所列权利。因劳动者依法行使正当权利而降低其工资、福利等待遇或者解除、终止与其订立的劳动合同的,其行为无效。

七、职业病诊断与鉴定

《劳务派遣暂行规定》第十条规定:"被派遣劳动者在申请进行职业病诊断、鉴定时,用工单位应当负责处理职业病诊断、鉴定事宜,并如实提供职业病诊断、鉴定所需的劳动者职业史和职业危害接触史、工作场所职业病危害因素检测结果等资料,劳务派遣单位应当提供被派遣劳动者职业病诊断、鉴定所需的其他材料。"

 **相关链接**

《职业病防治法》有关法律责任的节选

第七十条 违反本法规定,有下列行为之一的,由卫生行政部门给予警告,责令限期改正;逾期不改正的,处十万元以下的罚款。

(一)工作场所职业病危害因素检测、评价结果没有存档、上报、公布的。

(二)未采取本法第二十条规定的职业病防治管理措施的。

(三)未按照规定公布有关职业病防治的规章制度、操作规程、职业病危害事故应急救援措施的。

(四)未按照规定组织劳动者进行职业卫生培训,或者未对劳动者个人职业病防护采取指导、督促措施的。

(五)国内首次使用或者首次进口与职业病危害有关的化学材料,未按照规定报送毒性鉴定资料以及经有关部门登记注册或者批准进口的文件的。

第七十一条 用人单位违反本法规定,有下列行为之一的,由卫生行政部门责令限期改正,给予警告,可以并处五万元以上十万元以下的罚款。

(一)未按照规定及时、如实向卫生行政部门申报产生职业病危害的项目的。

(二)未实施由专人负责的职业病危害因素日常监测,或者监测系统不能正常监测的。

(三)订立或者变更劳动合同时,未告知劳动者职业病危害真实情况的。

(四)未按照规定组织职业健康检查、建立职业健康监护档案或者未将检查结果书面告知劳动者的。

(五)未依照本法规定在劳动者离开用人单位时提供职业健康监护档案复印件的。

第七十二条 用人单位违反本法规定,有下列行为之一的,由卫生行政部门给予警告,责令限期改正,逾期不改正的,处五万元以上二十万元以下的罚款;情节严重的,责令停止产生职业病危害的作业,或者提请有关人民政府按照国务院规定的权限责令关闭。

(一)工作场所职业病危害因素的强度或者浓度超过国家职业卫生标准的。

(二)未提供职业病防护设施和个人使用的职业病防护用品,或者提供的职业病防护设施和个人使用的职业病防护用品不符合国家职业卫生标准及卫生要求的。

(三)对职业病防护设备、应急救援设施和个人使用的职业病防护用品未按照规定进行维护、检修、检测,或者不能保持正常运行、使用状态的。

(四)未按照规定对工作场所职业病危害因素进行检测、评价的。

(五)工作场所职业病危害因素经治理仍然达不到国家职业卫生标准和卫生要求

时,未停止存在职业病危害因素的作业的。

(六)未按照规定安排职业病病人、疑似职业病病人进行诊治的。

(七)发生或者可能发生急性职业病危害事故时,未立即采取应急救援和控制措施或者未按照规定及时报告的。

(八)未按照规定在产生严重职业病危害的作业岗位醒目位置设置警示标识和中文警示说明的。

(九)拒绝职业卫生监督管理部门监督检查的。

(十)隐瞒、伪造、篡改、毁损职业健康监护档案、工作场所职业病危害因素检测评价结果等相关资料,或者拒不提供职业病诊断、鉴定所需资料的。

(十一)未按照规定承担职业病诊断、鉴定费用和职业病病人的医疗、生活保障费用的。

第七十五条　违反本法规定,有下列情形之一的,由卫生行政部门责令限期治理,并处五万元以上三十万元以下的罚款;情节严重的,责令停止产生职业病危害的作业,或者提请有关人民政府按照国务院规定的权限责令关闭。

(一)隐瞒技术、工艺、设备、材料所产生的职业病危害而采用的。

(二)隐瞒本单位职业卫生真实情况的。

(三)可能发生急性职业损伤的有毒、有害工作场所、放射工作场所或者放射性同位素的运输、储存不符合本法第二十五条规定的。

(四)使用国家明令禁止使用的可能产生职业病危害的设备或者材料的。

(五)将产生职业病危害的作业转移给没有职业病防护条件的单位和个人,或者没有职业病防护条件的单位和个人接受产生职业病危害的作业的。

(六)擅自拆除、停止使用职业病防护设备或者应急救援设施的。

(七)安排未经职业健康检查的劳动者、有职业禁忌的劳动者、未成年工或者孕期、哺乳期女职工从事接触职业病危害的作业或者禁忌作业的。

(八)违章指挥和强令劳动者进行没有职业病防护措施的作业的。

第七十六条　生产、经营或者进口国家明令禁止使用的可能产生职业病危害的设备或者材料的,依照有关法律、行政法规的规定给予处罚。

第七十七条　用人单位违反本法规定,已经对劳动者生命健康造成严重损害的,由卫生行政部门责令停止产生职业病危害的作业,或者提请有关人民政府按照国务院规定的权限责令关闭,并处十万元以上五十万元以下的罚款。

第七十八条　用人单位违反本法规定,造成重大职业病危害事故或者其他严重后果,构成犯罪的,对直接负责的主管人员和其他直接责任人员,依法追究刑事责任。

第四节
派遣女员工特殊保护

一、女员工特殊保护的含义

女员工是指一切以工资收入为主要生活来源的女性职工,而不管其年龄如何、结婚与否。对女员工实行特殊保护,是由女员工身体结构、生理机能的特点以及抚育子女的需要所决定的。女性的身体结构和男性不同,特别是女性有月经、妊娠、分娩、哺乳等生理机能的变化过程。繁重和特别紧张、剧烈的作业以及不良的工作环境,会对女员工的安全与健康产生不良影响,甚至会影响到下一代的生长发育。

女员工特殊劳动保护,也称女员工劳动特殊保护,是指针对女员工的生理特点、体力状况及经期、孕期、产期、哺乳期"四期"的特殊情况等,对女员工从事劳动时给予特别保护的制度,包括女员工一般情况下禁忌从事的劳动、女员工月经期禁忌从事的劳动、女员工孕期禁忌从事的劳动、女员工哺乳期禁忌从事的劳动和女员工月经期劳动保护、女员工孕期劳动保护、女员工产期劳动保护、女员工哺乳期劳动保护等。

二、女员工禁忌从事的劳动

《劳动法》第五十九条规定:"禁止安排女职工从事矿山井下、国家规定的第四级体力劳动强度的劳动和其他禁忌从事的劳动。"

相关链接

《女职工劳动保护特别规定》节选

第四条　用人单位应当遵守女职工禁忌从事的劳动范围的规定。用人单位应当将本单位属于女职工禁忌从事的劳动范围的岗位书面告知女职工。

女职工禁忌从事的劳动范围由本规定附录列示。国务院安全生产监督管理部门会同国务院人力资源和社会保障行政部门、国务院卫生行政部门根据经济社会发展情况,对女职工禁忌从事的劳动范围进行调整。

附录：

女职工禁忌从事的劳动范围

一、女职工禁忌从事的劳动范围

（一）矿山井下作业。

（二）体力劳动强度分级标准中规定的第四级体力劳动强度的作业。

（三）每小时负重6次以上、每次负重超过20千克的作业，或者间断负重、每次负重超过25千克的作业。

二、女职工在经期禁忌从事的劳动范围

（一）冷水作业分级标准中规定的第二级至第四级冷水作业。

（二）低温作业分级标准中规定的第二级至第四级低温作业。

（三）体力劳动强度分级标准中规定的第三级、第四级体力劳动强度的作业。

（四）高处作业分级标准中规定的第三级、第四级高处作业。

三、女职工在孕期禁忌从事的劳动范围

（一）作业场所空气中铅及其化合物、汞及其化合物、苯、镉、铍、砷、氰化物、氮氧化合物、一氧化碳、二硫化碳、氯、己内酰胺、氯丁二烯、氯乙烯、环氧乙烷、苯胺、甲醛等有毒物质浓度超过国家职业卫生标准的作业。

（二）从事抗癌药物、己烯雌酚生产，接触麻醉剂气体等的作业。

（三）非密封源放射性物质的操作，核事故与放射事故的应急处置。

（四）高处作业分级标准中规定的高处作业。

（五）冷水作业分级标准中规定的冷水作业。

（六）低温作业分级标准中规定的低温作业。

（七）高温作业分级标准中规定的第三级、第四级的作业。

（八）噪声作业分级标准中规定的第三级、第四级的作业。

（九）体力劳动强度分级标准中规定的第三级、第四级体力劳动强度的作业。

（十）在密闭空间、高压室作业或者潜水作业，伴有强烈振动的作业，或者需要频繁弯腰、攀高、下蹲的作业。

四、女职工在哺乳期禁忌从事的劳动范围

（一）孕期禁忌从事的劳动范围的第一项、第三项、第九项。

（二）作业场所空气中锰、氟、溴、甲醇、有机磷化合物、有机氯化合物等有毒物质浓度超过国家职业卫生标准的作业。

三、对女员工"四期"保护

1. 对女员工的经期保护

经期保护是指对女员工(或称女职工)在月经期间给予的特殊保护。在月经期间,女员工的身体机能会发生一些变化,抵抗力减弱,易受外界不良因素影响。如果不注意特殊保护,将会危及女员工的健康和生育能力。因此,《劳动法》第六十条规定:"不得安排女职工在经期从事高处、低温、冷水作业和国家规定的第三级体力劳动强度的劳动。"《女职工劳动保护特别规定》第四条及附录第二项也分别有相关的规定。

2. 对女员工的孕期保护

孕期保护是指对女员工怀孕期间的各种保护。在怀孕期间,女员工如果接触有毒有害化学物质或进行较繁重的体力劳动,容易引发妊娠中毒症、流产、早产,还可能导致胎儿畸形、功能性先天缺陷。因此,必须切实加强对孕期女员工的特殊保护。

(1)女员工孕期不能从事的岗位。女员工孕期不从事的岗位有以下两类。

第一类,即是我国《女职工劳动保护特别规定》附录中列明的女职工在孕期禁忌从事的劳动范围,共十类,比如有毒有害、低温冷水、高温高空、噪声高压以及高体力强度等类型的工作。

第二类,对于怀孕七个月以上的女职工,不能安排其加班以及在夜间工作。如果女职工怀孕前从事的是上述工作的岗位之一,用人单位在获悉女职工怀孕后必须对其调整岗位,否则将承担相应的法律风险。上述法定不允许孕期女职工从事的工作范围,也是企业意欲对孕期女职工调岗时必须首要考虑的因素之一。

(2)女员工孕期岗位调整。《女职工劳动保护特别规定》第六条有如下规定。

女职工在孕期不能适应原劳动的,用人单位应当根据医疗机构的证明,予以减轻劳动量或者安排其他能够适应的劳动。

对怀孕7个月以上的女职工,用人单位不得延长劳动时间或者安排夜班劳动,并应当在劳动时间内安排一定的休息时间。

需要注意的,这里的"不能适应原劳动"是指因为生理原因引起的暂时性的短期不适应,而不是指其工作能力达不到岗位的要求。因此,用人单位不得以怀孕为由主动要求调整孕期女职工的原有岗位;另外,孕期女职工因怀孕确实无法适应原岗位工作时,也需要按照规定提供相关证明。

3. 对女员工的产期保护

产期保护是指对女员工生育期间的特殊保护。生育期既包括正产,又包括小产(流产)。产期保护关系到女员工的身体恢复和婴儿的生长、发育,企业必须按照法律规定切实加强相应的保护措施。

（1）产期休假。女员工在产期内，享受一定期间的生育假和生育待遇。《劳动法》第六十二条规定："女职工生育享受不少于90天的产假。"

《女职工劳动保护规定》第七条有如下规定。

女职工生育享受98天产假，其中产前可以休假15天；难产的，增加产假15天；生育多胞胎的，每多生育1个婴儿，增加产假15天。

女职工怀孕未满4个月流产的，享受15天产假；怀孕满4个月流产的，享受42天产假。

（2）产期生育津贴。《女职工劳动保护规定》第八条有如下规定。

女职工产假期间的生育津贴，对已经参加生育保险的，按照用人单位上年度职工月平均工资的标准由生育保险基金支付；对未参加生育保险的，按照女职工产假前工资的标准由用人单位支付。

女职工生育或者流产的医疗费用，按照生育保险规定的项目和标准，对已经参加生育保险的，由生育保险基金支付；对未参加生育保险的，由用人单位支付。

4．对女职工的哺乳期保护

哺乳期保护是指对女员工哺乳未满一周岁婴儿期间的特殊保护。哺乳期保护直接关系到女员工及其婴儿的健康、发育。

（1）不安排其从事禁忌范围内的工作。《劳动法》第六十三条规定："不得安排女职工在哺乳未满一周岁的婴儿期间从事国家规定的第三级体力劳动强度的劳动和哺乳期禁忌从事的其他劳动，不得安排其延长工作时间和夜班劳动。"

《女职工劳动保护特别规定》附录第四项也规定了女员工在哺乳期禁忌从事的劳动。

（2）班次和哺乳时间的安排。《女职工劳动保护特别规定》第九条有如下明确规定。

对哺乳未满1周岁婴儿的女职工，用人单位不得延长劳动时间或者安排夜班劳动。

用人单位应当在每天的劳动时间内为哺乳期女职工安排1小时哺乳时间；女职工生育多胞胎的，每多哺乳1个婴儿每天增加1小时哺乳时间。

> **小提示**
>
> 用人单位不得因女职工怀孕、生育、哺乳降低其工资、予以辞退、与其解除劳动或者聘用合同。

第五节
关注派遣员工心理健康

一、员工心理健康管理的目的

员工心理健康管理的目的是促进员工心理健康、降低管理成本、提升组织文化、提高企业绩效等，具体如图 6-9 所示。

实施员工心理健康管理的企业能使员工感受到企业对他们的关心，从而更有归属感和工作热情；能吸引更多的优秀员工，由此降低重大的人力资源风险，保护企业的核心资源

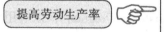
通过员工心理健康管理工作的实施，使员工压力处于最佳水平，身心更健康、精力更充沛，由此提高企业的劳动生产率，增强企业的核心竞争力

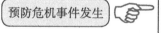
通过员工心理健康管理工作的实施，对员工承受的压力水平进行即时监控，并给出适当的指导建议，促进员工随时调整身心状态，预防员工心理危机事件的发生

图 6-9 员工心理健康管理的目的

二、员工心理不健康的表现

在激烈的社会竞争和繁重的工作压力下，许多员工的心理健康水平逐渐下降，心理亚健康和不健康的状况越来越明显，压抑、抑郁、焦虑、烦躁、苦闷、不满、失眠、恐惧、无助、痛苦等不良心理反应层出不穷，这已成了企业亟待解决的问题。

员工心理不健康的表现如表 6-5 所示。

表 6-5 员工心理不健康的表现

序号	心理方面症状表现	生理方面症状表现	行为方面症状表现
1	焦虑、紧张和急躁	心率加快，血压升高	拖延和避免工作
2	疲劳感、生气和憎恶	肠胃失调，如溃疡	工作能力降低

续表

序号	心理方面症状表现	生理方面症状表现	行为方面症状表现
3	感情压抑	身体受伤	酗酒
4	交流的效果降低	心脏疾病	完全无法工作
5	退缩和忧郁	呼吸问题	去医院的次数增加
6	孤独感和疏远感	汗流量增加	为了逃避而饮食过度
7	厌烦和对工作不满	头痛	由于胆怯而减少饮食
8	精神疲劳和低效能工作	肌肉紧张	没胃口，瘦得快
9	注意力分散	睡眠不好	冒险行为增加
10	缺乏自发性和创造性	—	侵犯他人，破坏公共财产
11	自信心不足	—	与家人和朋友的关系恶化

三、员工心理援助计划

员工心理援助计划的简称是 EAP（Employee Assistance Program），以应用心理学为技术支撑，以管理学为最终落脚点，其最终目的是帮助解决员工及其家庭成员的各种心理和行为问题，促进员工心理健康，提高员工工作绩效，提升人力资本价值。

1. 员工心理援助三级预防制

员工心理援助三级预防制主要是指三个层面的工作，如表 6-6 所示。

表 6-6 员工心理援助三级预防制

序号	预防级别	具体说明
1	初级预防：消除诱发问题的根源	初级预防的目的是减少或消除任何导致职业心理健康问题的因素，更重要的是设法建立一个积极的、支持性的和健康的工作环境。通过对人力资源方面的企业诊断，能够发现问题所在和解决问题的途径。通常初级预防可以通过改变一些人事政策来实现，如改善组织内的信息沟通、进行工作调整和给予低层人员更多的自主权等
2	二级预防：教育和培训	教育和培训旨在帮助员工了解职业心理健康的知识，如各种可能的因素怎样对员工心理健康产生影响，以及如何提高对抗不良心理问题的能力。有关的教育课程包括应对工作压力、自信心训练、放松技术、生活问题指导以及解决问题技能等。另一个重要目的是向人力资源管理人员和组织内从事员工保健的专业人员提供专门的培训课程，提高他们对员工心理健康的重视和处理员工个人问题的能力，如"基本咨询技能"和"行为风险管理"等方面的培训

续表

序号	预防级别	具体说明
3	三级预防：员工心理咨询与辅导	员工心理咨询是指由专业心理咨询人员向员工提供个别、隐私的心理辅导服务，以解决他们的各种心理和行为问题，使他们能够保持较好的心理状态来生活和工作。由于员工的许多职业心理健康问题与家庭生活方面的因素有关，这种心理咨询服务通常也面向员工的直系家庭成员

2.员工心理援助计划（EAP）的实施流程

员工心理援助计划（EAP）的实施流程如表6-7所示。

表6-7 员工心理援助计划（EAP）的实施流程

序号	实施流程	具体说明
1	调查、测试与评估	员工心理状况的调查测试是企业心理援助计划有效开展的前提，旨在发现和诊断员工心理健康问题及其导致的因素，并提出相关建议，以减少或消除不良的组织管理因素
2	宣传教育	企业可以采用卡片、海报或板报专栏、企业心理健康网站、员工心理健康手册、讲座等多种形式宣传心理健康知识，帮助员工树立对心理健康的正确认识，使员工提高心理健康和自我保健意识，鼓励员工遇到心理问题时积极寻求帮助
3	针对性培训	针对性培训一是让管理者学会心理咨询的理论和技巧，在工作中预防和解决员工心理问题的发生；二是对员工开展压力应对、积极情绪、工作与生活协调、自我成长等专题的培训或部门咨询，帮助员工掌握提高心理素质的基本方法，增强对心理问题的抵抗力
4	建立员工心理健康档案	对员工进行心理健康测试，建立心理健康档案，发现和诊断职业心理问题及其有关因素，并提出相应建议，减少或消除组织管理的不良因素
5	心理咨询与治疗	使用多种形式的员工心理咨询，为受心理问题困扰的员工提供热线咨询、网上咨询、团体辅导、个人面询等形式丰富的帮助和服务，充分解决员工心理困扰问题，使得员工能够顺利、及时地获得心理咨询与治疗
6	员工团体心理辅导	为效能低下、团体组织气氛问题突出的二级部门、三级部门、基层团队，以及重要部门关键职位员工，提供针对性解决问题的方案，并通过"团体（小组）辅导"的方式提供专业帮助
7	员工家属心理辅导	针对员工个人情感生活和家庭生活中存在的问题，开展一系列涉及"婚恋、情感、家庭、子女"问题的团体辅导、个体咨询与家庭治疗，以解除员工的后顾之忧

续表

序号	实施流程	具体说明
8	效果评估	在项目进行各阶段和结束时,分别提供阶段性评估和总体评估报告,使管理者及时了解员工心理援助计划的实施效果,为企业改善和提高心理健康管理水平提供依据
9	会谈与短期治疗	企业可每周安排固定咨询时间,为企业员工提供预约个体咨询和辅导,内容包括婚姻家庭、个人发展、心理健康、心理治疗、工作压力、子女教育等。企业还可通过定期发送电子邮件的形式,就当前热点心理问题对员工进行健康辅导

> **小提示**
>
> 劳务派遣单位应及时关注派遣员工的心理健康,做好派遣员工的心理援助,帮助员工及其家庭成员解决心理问题,提高效率以及有助于改善工作氛围和管理。

第七章
劳动争议预防与化解

第一节
劳动争议的预防

一、什么是劳动争议

劳动争议也称劳动纠纷,是指劳动关系的当事人之间因执行劳动法律、法规和履行劳动合同而发生的纠纷,即劳动者与所在单位之间因劳动关系中的权利和义务而发生的纠纷。

劳动争议的当事人是指劳动关系当事人双方——职工和用人单位(包括自然人、法人和具有经营权的用人单位),即劳动法律关系中权利的享有者和义务的承担者。

二、解雇纠纷预防细节

1. 为什么会发生解雇纠纷

解雇即解除雇佣关系,是指用人单位解除与员工的劳动关系,不再雇佣该员工。这在企业用工中是一种十分常见的企业行为,也是企业更换员工、寻求最合适员工的手段之一,由此引起的争议在劳资纠纷中比较普遍和突出。

2.《劳动法》对解雇(辞退)不当有何规定

按照《劳动法》及相关规定,企业无理由解雇员工的,应当支付相当于其本人平均工资的经济补偿金,并以其在企业工作时间而定,每年补一个月。

3. 怎样防范解雇(辞退)纠纷

企业要防范解雇纠纷,应当做好图 7-1 所示的工作。

工作一	签订劳动合同时,规定员工的工作岗位及职责
工作二	在劳动合同中约定解雇条款,即规定企业在哪种情况下可以解除劳动合同而不承担支付经济补偿金的义务
工作三	严格各种管理制度,对每个员工都应建立档案并跟踪管理,凡员工违反企业规章制度或者工作不认真负责、完不成工作任务的,均应记录在案

| 工作四 | 当员工存在劳动合同约定的解雇事项时再解雇,当然如果属于大规模的裁员则另当别论 |
| 工作五 | 企业在解雇员工时,按照规定应当提前一个月通知其本人 |

图 7-1 防范解雇(辞退)纠纷应做的工作

企业做好上述工作有助于减少解雇纠纷,即使个别员工申诉,也会因其无理由而得不到有关部门的支持。

三、开除争议的预防

1. 什么情况下可以开除员工

开除是指企业按照《劳动法》第二十五条的规定解除劳动合同的行为。按照该法条的规定,劳动者有下列情形之一的,用人单位可以解除劳动合同。

(1)在试用期间被证明不符合录用条件的。

(2)严重违反劳动纪律或者用人单位规章制度的。

(3)严重失职,徇私舞弊,对用人单位利益造成重大损害的。

(4)被依法追究刑事责任的。

2. 哪些开除容易引发争议

通常容易引发争议的开除有以下两种。

(1)严重违反劳动纪律或者规章制度的开除。

(2)严重失职、徇私舞弊造成重大损害的开除。其原因是企业不按规定开除员工或者开除员工时没有掌握足够的证据。

3.《劳动法》对开除不当有什么规定

根据《劳动法》的相关规定,企业开除员工不当的,可让员工继续工作,也可支付其经济补偿金,支付标准为每年一个月的员工本人平均工资。

4. 企业如何防范开除争议

针对这种情况,企业可从图 7-2 所示的几个方面来防范。

企业制定的劳动纪律和规章制度应明确具体,同时要拿到劳动管理部门备案确认。只有劳动管理部门备案确认的劳动纪律和规章制度,才能作为企业开除违纪员工时的执行依据

图 7-2

| 2 | 凡员工违反劳动纪律和规章制度的行为均应有相关记录、证人证明材料，如能取得员工本人对违纪行为事实确认的书面材料则最佳 |

| 3 | 员工严重失职、徇私舞弊造成重大损害的，要收集相关证据，计算损失数额，并确认损失为该员工的失职或者徇私舞弊行为造成 |

| 4 | 决定开除员工时，必须在开除决定书或者公告中明确列举员工所犯的错误 |

| 5 | 如果员工所犯错误不严重或者虽严重但缺乏足够的证据证明，企业可先对该员工进行降职、降级、降薪处理 |

图 7-2　防范开除争议的措施

四、辞工和自动离职争议的预防

1. 辞工和自动离职争议的主要表现

辞工和自动离职都属于员工单方面解除劳动合同，按照规定企业不用承担经济补偿等相关方面的义务。但是当企业在员工辞工或者自动离职时没有处理好相关手续方面的问题，很可能会陷于被动。这主要表现在以下三个方面。

（1）员工辞工时，企业没有让员工填写辞工申请书（辞工单），或者将辞工单交给其本人拿去办理离厂手续而没有追回。

（2）辞工时没有结清其工资。

（3）自动离职的员工自行离厂，不到规定的自动离职处理时间就做自动离职处理。

2. 怎样预防辞工和自动离职争议

企业预防辞工和自动离职争议的措施有图 7-3 所示的三种。

| 1 | 员工辞工单及企业的批示一式两份，企业保留一份，交员工一份 |

| 2 | 员工辞工的，在其离厂时支付其应得的工资报酬 |

| 3 | 员工旷工或者不请假外出必须达到企业规章制度规定的天数，才能对其做自动离职处理 |

图 7-3　企业预防辞工和自动离职争议的措施

五、加班争议的预防细节

1. 引发加班争议的原因

《劳动法》第四十一条规定："用人单位由于生产经营需要，经与工会和劳动者协商后可以延长工作时间，一般每日不得超过 1 小时；因特殊原因需要延长工作时间的，在保障劳动者身体健康的条件下延长工作时间每日不得超过 3 小时，但是每月不得超过 36 个小时。"然而在实际执行过程中，不少企业都超出上述规定加班时间，究其原因有以下两点。

（1）企业由于自身生产经营的需要而安排员工加班。

（2）员工为了多拿工资而主动要求加班。

企业由此引发的纠纷越来越多，有员工因加班时间过长而向劳动部门投诉的，有企业因没有按规定支付加班费而遭到投诉的，这些都使得企业十分被动。

2. 企业如何防范加班争议

（1）正确计算加班工资。《劳动法》第四十四条规定有图 7-4 所示情形之一的，用人单位应当按照下列标准支付高于劳动者正常工作时间工资的工资报酬。

1　安排劳动者延长工作时间的，支付不低于工资 150% 的工资报酬

2　休息日安排劳动者工作又不能安排补休的，支付不低于工资 200% 的工资报酬

3　法定休假日安排劳动者工作的，支付不低于工资 300% 的工资报酬

图 7-4　用人单位应当支付加班工资的情形

> **小提示**
>
> 企业在制定员工工资时，不要将基本月薪（包括津贴在内）定得过高，特别是非生产岗位的员工，其他需给付部分可列在不计入工资总额的困难补助等项目，这样就不会导致加班工资过高的问题。

（2）合理安排加班时间。如果不是特别需要，一般不要安排加班，即使安排也不要超过法律规定的时间。

（3）利用劳动合同合理确定工资结构。劳动合同中都有工资一项，企业和员工选择哪种工资方式对加班费的管理有很大影响。通常非生产线的员工适合采用包干式工

资加奖金的方式,在劳动合同中约定包干式工资数额,不管是否加班都不增减,奖金的多少则视其工作情况每月确定支付数额,这样就不会存在加班费引发的纠纷了。对于生产线上的员工,则可采用计件工资的方式,在计算成本利润的基础上合理确定计件工资额。计件工资一般不受工作时间的限制,也免去了计算加班费的麻烦。

六、患病医疗费争议的防范

这类纠纷在企业中较为常见,为了降低其发生的概率,企业应做好图7-5所示几方面的工作。

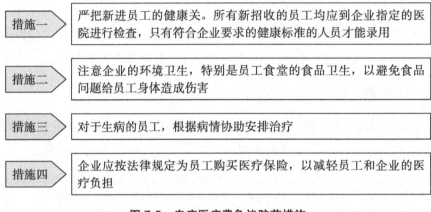

图7-5 患病医疗费争议防范措施

七、工伤待遇争议的防范

工伤待遇是指员工因工受伤或者死亡时所享受的医疗、伤残补偿、工伤辞退补偿等方面的待遇。

1. 工伤待遇争议纠纷发生的原因

(1)规定的倾斜。员工在工作中受伤属于工伤,无论其是否有过错,除非企业能证明该员工系自伤自残。实践中,员工在工作中受伤的原因不外乎机器设备陈旧、存在安全隐患或者设施不符合安全标准,以及员工本身在操作过程中违反操作程序或疏忽大意乃至故意为之。

(2)工伤辞退费规定的倾斜。有些地方性法规在工伤辞退费方面的规定向员工倾斜。

比如,《××省社会工伤保险条例》规定,员工因工受伤后只要鉴定有伤残等级的,除了得到一次性伤残补偿金外,无论是企业解雇、开除,还是员工自己辞工、自动离职，企业都要支付从几千元到十几万元不等的高额工伤辞退费，即使购买了工伤保险也是一样。若企业不愿主动支付这笔费用，就会引发争议。

工伤多、工伤待遇纠纷多，对企业来说不是好事。因为它已不仅仅是金钱支付的问题，甚至严重影响到企业的正常生产经营和内部管理秩序。对此，企业应加强员工的生产安全教育，同时为员工创造安全的工作环境，以降低工伤的发生概率。

2. 防范工伤法律风险的措施

要减少这类纠纷的发生，企业应当采取以下措施。

（1）进一步强化、规范劳动管理，包括加大对员工劳动技术和纪律的教育、加强各生产经营环节劳动的安全监督、改善员工的劳动条件和生产环境。

（2）注重员工的健康卫生检查，包括招聘环节的适当体检和在职期间的定期体检。对招聘环节体检中发现患有不适合病症的人员，不予聘用；对合同期内发现可能影响劳动安全的患病员工，及时调整工作岗位或送医治疗。

（3）及时参加工伤社会保险，辅之以适当的商业性雇主责任险，以分散工伤法律风险。参加工伤社会保险，为员工缴纳工伤保险金，是企业应尽的法律义务。通过参加工伤社会保险，企业支付一定的社会保险费用，可以在很大程度上将发生工伤事故时本应由企业承担的赔偿法律责任转移到社保机构。考虑到现行工伤社会保险制度下参加工伤社会保险的员工发生工伤事故，企业仍可能需要承担部分项目的赔偿责任。为进一步分散、转移这部分工伤法律责任，企业可以采用参加商业性雇主责任保险的方式。鉴于这种商业性雇主责任险所具有的非强制性、辅助性特点，企业可以根据自己的行业特点、经济条件选择决定参保的范围和标准。

比如，在家具生产企业，将操作、使用机械生产等发生工伤事故频率较高岗位的员工列入参加商业性雇主责任险的范围，对文员、销售、保安等其他岗位的员工则无须办理这一险种。

考虑到雇主责任保险的商业性质，企业可以自主与承保机构进行商业谈判，以确定适当的保险条件。在条件许可的情况下，企业可以采取集体谈判、行业团购等方式，协同本地区、本行业多家企业与承保机构进行商业谈判，以提高己方在谈判中的有利地位。

（4）加强劳动工伤事故管理环节的法律工作。对于已经发生的工伤事故，严格依照法律程序处理。对于工伤员工及家属提出的合理合法要求，应由社保基金支付的，力争由社保机构支付；应当由企业自行承担的，在法定标准范围内及时予以妥善解决；对于少数工伤员工及家属提出的超出法定范围的要求，应依法、耐心做说服调解工作，必要时通过劳动仲裁、诉讼等法律途径解决。

相关链接

派遣员工遭遇工伤，谁负责任

劳务派遣单位与用工单位签订的派遣协议中会约定由谁给劳动者缴纳社保，并承担未缴纳所造成的一切后果，若约定方未依法为劳动者缴纳社保，那么劳动者在工作中因工受伤产生工伤保险待遇损失应由谁来承担呢？

请看下面这个案例。

1. 案情简介

2011年7月1日A公司将曹某派遣至B公司工作，双方约定曹某仅从事包装作业。2011年7月8日，B公司安排曹某代替物料部门员工从事输送物料工作，造成曹某受伤。2013年3月26日，江苏省××市劳动人事争议仲裁委员会做出仲裁裁决，令A公司支付曹某一次性伤残补助金、一次性工伤医疗补助金、一次性伤残就业补助金共计人民币约28万元，同时B公司承担连带责任。A公司支付给了曹某仲裁裁决所确定的补助金28万元。A公司又将B公司起诉至法院，要求B公司赔偿A公司支付给曹某的医疗费6万元以及补助金28万元（合计约34万元），并支付相关利息损失及起诉讼费用。另查明：事发时，A公司并没有为曹某缴纳社会保险。

2. 裁判结果

法院裁判认为：A、B公司签订的《劳务派遣协议书》合法有效，予以确认。协议约定，A公司未及时为派遣人员代缴各项保险费，由此造成的一切后果由A公司承担，据此，代缴社保的义务在A公司。由于其未及时履行义务，劳动者工伤所发生的相应损失，应由A公司承担。B公司作为用工单位，对派遣的劳动者的各项保险费支付情况应当尽到督促义务；未尽到督促义务的，应对该部分损失承担适当的赔偿责任。因此判定B公司对A公司全部损失承担20%的赔偿责任。

3. 案情争议

就这一问题实务中存在两种不同观点。

第一种观点认为，劳务派遣协议签订主体为平等的民事主体，受法律保护。本案中，A公司与B公司已经签订劳务派遣协议书，就应当按照协议约定的内容履行双方的权利和义务。现该派遣协议中明确约定A公司负责缴纳各项保险费并承担一切后果，因此B公司不应承担任何赔偿责任。

第二种观点认为，虽然A公司与B公司通过协议进行了明确约定，但是协议中同时约定了派遣员工的工种仅限于包装员工，而B公司单方面改变工种导致本案中曹某在物料部门运输物料的过程中发生工伤。因此A公司与B公司均存在过错，应当按照过错比例合理分担责任。

4. 案例分析

根据《劳动合同法》第 59 条的规定,劳务派遣单位应当与接受劳务派遣的单位(用工单位)订立劳务派遣协议。劳务派遣协议应当约定派遣岗位和人员数量、派遣期限、劳动报酬和社会保险费的数额与支付方式以及违反协议的责任。另外,根据《劳动合同法》第 92 条的规定,用工单位给被派遣劳动者造成损害的,劳务派遣单位与用工单位承担连带赔偿责任。

因此,本案的判决结果可以给我们两点提示。

(1) 本案中,A 公司未依法依约为曹某代缴社保,负有主要过错,然而 B 公司亦未履行审核、监督和督促 A 公司缴纳社会保险的义务,两者共同导致了曹某在因公受伤后无法通过工伤保险得到理赔。正因为 B 公司未尽到审核义务,所以法院判决 B 公司在本案中也要承担一定的责任。因此,对于用工单位来说,尽管不需要为派遣员工缴纳社会保险,但应当审核、监督和督促劳务派遣公司及时为派遣员工缴纳社会保险,为派遣员工提供法律要求的劳动条件和劳动保护,保障劳动者的合法权利。

(2) 本案中,A、B 两家公司在协议中明确约定曹某在 B 公司所从事的工作是包装工作,但 B 公司却将曹某调往物料部门从事物料配送工作,擅自改变了曹某的工作内容。因此,从派遣协议的约定内容来看,B 公司也存在一定的过错,因此应当按照双方的过错比例分担责任。用人单位如果在与派遣单位的协议中明确写明了被派遣员工的工作岗位和工作内容,那么就应当按照协议约定为被派遣员工安排工作。若需要调整被派遣员工的工作岗位,应当与派遣单位进行协商。如果用人单位私自将被派遣员工调往其他岗位,当被派遣员工因工受伤时,用人单位由于违反协议约定也需要承担相应的过错,从而承担赔偿责任。

第二节 劳动争议的处理

一、劳动争议的分类

由于引发劳动争议的原因很多,可以从不同角度对它进行分类。按照相关惯例,劳动争议可分为以下几种类型。

1.个人争议和集体争议

根据劳动者一方当事人人数的多少,劳动争议可以分为个人争议和集体争议,如图7-6所示。

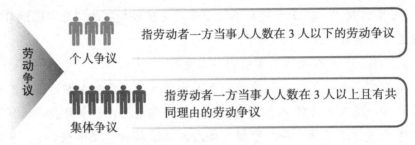

图7-6　个人争议和集体争议

2.既定权利争议和待定权利争议

按照争议内容性质的不同,劳动争议可划分为既定权利争议和待定权利争议,如图7-7所示。

图7-7　既定权利争议和待定权利争议

3.按争议事项划分的争议

按照劳动争议的事项,可以划分为因开除、除名、辞退或辞职发生的争议,因工资分配发生的争议,因保险福利发生的争议,因劳动合同发生的争议等。

二、劳资纠纷的处理程序

企业要想解决好劳资纠纷,首先要了解劳资纠纷处理的程序。根据《劳动法》《企业劳动争议处理条例》和《民事诉讼法》的规定,劳动争议案件(劳资纠纷)的处理程序如表7-1所示。

表 7-1 劳动争议案件（劳资纠纷）的处理程序

序号	程序	具体说明
1	劳资双方协商	劳资纠纷可以说是内部矛盾，一般而言，协商是最好的解决途径。这样可以避免纠纷的扩大，对双方都有好处
2	劳动管理部门（劳动站）调解	当双方协商不成时，可提交当地劳动站居间调解。这种调解不具有强制性，必须双方同意才行
3	劳动争议仲裁委员会仲裁	纠纷发生后，在协商、调解均没有效果的情况下，任何一方均可在纠纷发生后六十日内提出仲裁申请。仲裁机关立案后应当在两个月内做出裁决，最长不得超过三个月
4	人民法院一审判决	不服仲裁裁决的一方当事人在收到裁决书之日起十五日内向所在地人民法院提起诉讼，人民法院应当在三至六个月内做出一审判决
5	二审人民法院终审判决	当事人在收到一审法院判决后不服的，可在十五日内向其上级人民法院提出上诉，上诉法院在三至六个月做出终审判决
6	法院强制执行	裁决书或者判决书发生法律效力后，负有义务的一方不履行义务的，对方在一年内可以申请人民法院强制执行

一个劳动争议案件要走完上述全部程序，通常需要一年半左右的时间。倘若中间还涉及工伤认定等问题，则所花时间更长，工伤赔偿案件最长时间可达到三年六个月。了解劳动争议的处理程序后，企业在具体操作当中应注意行使诉讼权利；对裁决、判决不服的，应当在法定期限内起诉或者上诉。

三、处理劳动纠纷、争议的依据

企业辞退、解聘或开除严重违反劳动合同规定的员工本是正常现象，但由于一些企业开具的处理意见书中使用的是人力资源部门印章，而不是具有法人资格的单位印章，结果被劳动仲裁部门认定为无效；企业变动员工工作岗位时未进行转岗培训，员工拒绝服从安排，从而引发劳动争议，仲裁部门因为企业没有履行相关程序而认定其决定无效。上述现象在国内许多企业都存在。这就说明企业在处理劳动纠纷、争议时应依法进行，否则将会形成无效处理意见，不仅无法及时处理犯错误的员工，还白白浪费了精力和时间。

企业在处理劳动纠纷、争议过程中容易忽略的法律问题还有：处理证据不充分，缺少有力证明；忽视处理时效性规定和处理书送达手续不完善等。以上任何一个方面的疏忽，都可能导致企业处理意见无效。企业处理劳动纠纷、争议留有法律"漏洞"的现象说明，一些企业处理员工存在随意性，没有充分尊重员工的辩驳权利，以为劳动纠纷、争议处理仅是企业内部管理问题，而没有意识到必须依照法律规定的程序严格执行。企业如果继续忽视这些问题，被处理员工依据法律规定要求仲裁，不仅人力资源管理无法正常进行，而且企业的声誉也会受到损害。

四、对已经出现劳资纠纷的评估

就已经出现的劳资纠纷而言，企业首先要做好事前谨慎评估，即在正式采取仲裁或诉讼手段之前或在正式应诉之前谨慎细致地做好案件的评估论证工作。事前评估的价值在于减少盲目性，明晰"能否为、如何为"的问题，也就是打有准备之仗。其次要积极收集证据，"打官司就是打证据"，证据的收集是一项基础性且意义重大的准备工作。最后要借助专家之力，聘请的专家应当是那些熟悉相关劳动法律法规、具备丰富的企业人事管理经验、讲究诚信、保守当事人秘密、一心为客户着想、认真负责的好专家。合作的方式可以包括咨询、论证、评估、方案设计、代理仲裁、代理诉讼等。

五、常见劳资纠纷的应对策略

以下介绍六种常见劳资纠纷的应对策略，供企业参考。

1. 解雇（辞退）纠纷的应对策略

如果企业做好了预防工作，则这一类纠纷的应对就比较简单了。无论是在仲裁阶段还是在诉讼阶段，企业只要准备好解雇（辞退）资料，做好答辩状或者起诉状，出庭时认真陈述和举证即可。

2. 开除纠纷的应对策略

企业在应对劳资纠纷官司中，最为被动的也就是开除纠纷。之所以会被动，是因为很多企业在开除员工时没有收集整理好材料，尽管有很多理由，但不能提供足够的证据证明开除员工是正确的。所以，企业对证据的收集整理尤为重要。

3. 辞工纠纷的应对策略

员工自己辞工的一般不会上告，即使上告了，就企业一方而言也比较好解决，只要保留好辞工单，届时提供给仲裁庭或者法庭即可。

4. 加班纠纷的应对策略

加班纠纷是企业较难应对的，而要想解决好这类纠纷，就应当依据《劳动法》的规定支付员工加班工资，同时做好预防工作。

5. 患病医疗纠纷的应对策略

患病医疗纠纷主要涉及的是员工患病后住院治疗所产生医疗费用的承担问题，以及因为患病不能从事原来的工作或新安排的工作而导致解除合同后的经济补偿金和医疗补助费的承担问题。对此，企业应当做到以下两点。

（1）注意核对员工是否确实因病住院及其医疗费的真实性。

（2）审查员工的病是否达到不能工作的程度。

6. 工伤待遇纠纷的应对策略

工伤待遇纠纷主要体现在两个方面：一是没有买工伤保险的赔偿，包括医疗费、医疗期间工资、一次性伤残补偿金、工伤辞退费等；二是买了工伤保险的工伤辞退费。这两种情况目前都比较普遍，其应对策略是不同的，具体说明如表7-2所示。

表 7-2 工伤待遇纠纷的应对策略

序号	类别	应对策略
1	没有买保险的工伤	（1）职工受伤后，及时送往医院治疗，帮助其早日康复，以缩短治疗时间和减少医疗费 （2）治疗终结后，立即做伤残等级鉴定。企业认为伤残等级鉴定有问题的，应在法定时间内申请重新鉴定 （3）对于劳动部门做出的员工属于因工受伤的认定，如有异议，应当在收到认定书之日起六十日内申请行政复议。对复议决定不服的，在收到之日起十五日内向人民法院提起诉讼；对一审法院判决不服的，还可以上诉 （4）员工被确定为工伤且有伤残等级的，企业不能主动辞退该员工。如果员工要求辞工，必须在双方协商好工伤待遇问题后才能准予辞工。通常协商支付的工伤赔偿数额不应低于法律规定数额的50%，以免员工拿到赔偿后又以显失公平为由提出申诉。因为根据《民法通则》的规定，显失公平的民事法律行为属于可撤销的民事行为，当事人一方可以向人民法院起诉要求撤销
2	买了保险的工伤	按规定，买了保险的工伤，所发生医疗费的70%、一次性伤残补偿金、残废退休金等由社保局承担，企业仅仅是承担医疗费的30%、医疗期间工资、工伤辞退费等。应该说，这类工伤主要涉及员工和社保局；但当伤残等级鉴定为5~10级时，则直接涉及企业的利益。企业主要是处理好员工辞退时的工伤辞退费问题，这需要双方协商解决

六、应对劳动争议仲裁时效延长的策略

仲裁时效的延长是把双刃剑。对于企业维权而言,延长仲裁时效可以使企业有更多时间去追究违约员工的法律责任,但同时也会使企业在员工离职之后的一年内都处于可能被员工追究法律责任的不确定状态。这对企业显然是不利的。

对此,企业应该事先做好如图7-8所示的应对工作。

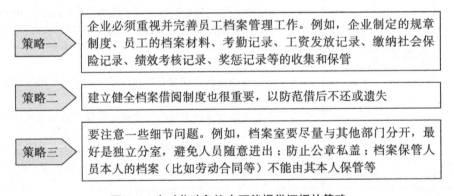

图7-8 应对劳动争议仲裁时效延长的策略

七、应对劳动争议中不能提供证据的策略

《劳动争议调解仲裁法》第六条规定:"与争议事项有关的证据属于用人单位掌握的,用人单位应当提供;用人单位不提供的,应当承担不利后果。"对于这一点,企业应该采取如图7-9所示的措施来防范。

策略一	企业必须重视并完善员工档案管理工作。例如,企业制定的规章制度、员工的档案材料、考勤记录、工资发放记录、缴纳社会保险记录、绩效考核记录、奖惩记录等的收集和保管
策略二	建立健全档案借阅制度也很重要,以防范借后不还或遗失
策略三	要注意一些细节问题。例如,档案室要尽量与其他部门分开,最好是独立分室,避免人员随意进出;防止公章私盖;档案保管人员本人的档案(比如劳动合同等)不能由其本人保管等

图7-9 应对劳动争议中不能提供证据的策略

八、对"一裁终局"的案件应请律师把关

一裁终局制仅限于用人单位,用人单位在部分案件中一旦在仲裁阶段败诉将可能失去通过法院再审的可能性。这就要求用人单位首先必须重视劳动仲裁,并做好充分准备。其次对于一裁终局的案件,用人单位在仲裁阶段聘请专业律师把关、设计应对

思路将显得尤为重要。当然,最根本的还在于用人单位要规范管理,人性化管理,尽量避免劳动争议案件的发生。

九、依法对追索劳动报酬等裁决申请撤销

《劳动争议调解仲裁法》第四十九条有如下规定。

用人单位有证据证明本法第四十七条规定的仲裁裁决有下列情形之一的,可以自收到仲裁裁决书之日起三十日内向劳动争议仲裁委员会所在地的中级人民法院申请撤销裁决。

(1)适用法律、法规确有错误的。

(2)劳动争议仲裁委员会无管辖权的。

(3)违反法定程序的。

(4)裁决所根据的证据是伪造的。

(5)对方当事人隐瞒了足以影响公正裁决的证据的。

(6)仲裁员在仲裁该案时有索贿受贿、徇私舞弊、枉法裁决行为的。

人民法院经组成合议庭审查核实裁决有前款规定情形之一的,应当裁定撤销。

仲裁裁决被人民法院裁定撤销的,当事人可以自收到裁定书之日起十五日内就该劳动争议事项向人民法院提起诉讼。

《劳动争议调解仲裁法》第四十七条规定如下。

下列劳动争议,除本法另有规定的外,仲裁裁决为终局裁决,裁决书自做出之日起发生法律效力。

(1)追索劳动报酬、工伤医疗费、经济补偿或者赔偿金,不超过当地月最低工资标准十二个月金额的争议。

(2)因执行国家的劳动标准在工作时间、休息休假、社会保险等方面发生的争议。

十、有权申请仲裁员回避的情形

《劳动争议调解仲裁法》第三十三条有如下规定。

仲裁员有下列情形之一,应当回避,当事人也有权以口头或者书面方式提出回避申请。

(1)是本案当事人或者当事人、代理人的近亲属的。

(2)与本案有利害关系的。

(3)与本案当事人、代理人有其他关系,可能影响公正裁决的。

（4）私自会见当事人、代理人，或者接受当事人、代理人的请客送礼的。

劳动争议仲裁委员会对回避申请应当及时做出决定，并以口头或者书面方式通知当事人。

> **小提示**
>
> 在劳动争议仲裁中，如果发现仲裁员与申请仲裁的员工有以上情况，企业要行使自己的权利，申请仲裁员回避。

第三节
建立非司法性员工申诉机制

一、非司法性申诉机制的目的

劳动纠纷在企业内部非对抗性处理的另一种方式，即在企业内部建立非司法性申诉机制开始受到重视。企业内非司法性申诉机制并非工厂内集体协商机制、工会制度或其他纠纷解决机制的替代，而是将员工提出申诉至申诉的最终解决加以规范化、流程化、制度化。

申诉机制的目的在于矛盾发生时，申诉机制能够为矛盾的有效解决提供具有公信力的渠道，促进"和谐企业"的实现，有效改善管理层和员工之间、员工和员工之间的关系。

试图建立申诉机制的企业应当具有良好意愿，在国家法律法规的框架下，尊重和保障每一名员工的合法权益。申诉机制鼓励员工通过非正式沟通，私下协商解决矛盾纠纷。

二、申诉机制中的主体

企业的所有员工都有权提出申诉。此外，任何认为自身利益受损与企业员工相关的个人都可通过申诉机制向企业提出申诉。

员工在企业的工作和生活中，遇到的各类不满、抱怨、情绪、矛盾、意见都可通过本申诉机制向运作主体提出申诉。申诉机制不适宜解决集体性申诉，集体性申诉可考虑通过企业内集体协商机制来实现。

申诉的处理主体为申诉者和被申诉者的共同管理部门，负责人为该部门行政事务负责人。

上诉的处理主体为申诉处理部门的直接上级主管部门，负责人为该部门行政事务负责人。

企业的人力资源部门在申诉全过程中负责协助申诉处理部门开展申诉调查，召集申诉会议，协助申诉和上诉处理部门做出处理决定，协助申诉者、被申诉者了解申诉和上诉程序等。

三、申诉的类型

企业内可能引发员工申诉的事项如下。
（1）薪资。
（2）工作时间。
（3）工作分配和配合。
（4）食堂伙食。
（5）集体宿舍。
（6）领导层管理方式或管理态度。
（7）工作环境、生活环境、住宿环境。
（8）人际关系。
（9）岗位调动。
（10）企业内娱乐活动等。

在申诉机制构建初期，开展试点工作非常有必要。申诉机制试点可首先对特定申诉事项进行处理，然后逐步扩大可申诉事项，最终确保员工的所有申诉都能通过申诉机制来解决。

四、申诉处理的标准

申诉处理应当与国家和地方政府的法律法规、企业的制度规定保持一致，同时应遵守国际相关准则，例如联合国保护劳工权利与人权的相关公约、工商企业行为准则等。

五、申诉处理的程序

申诉处理的程序如图7-10所示。

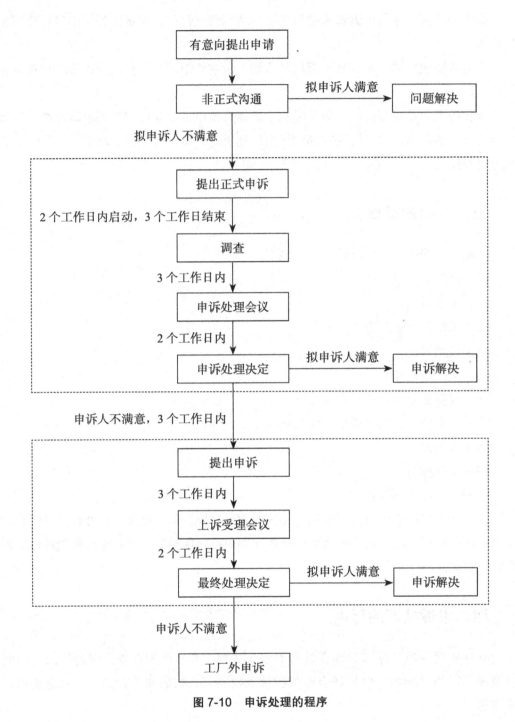

图 7-10　申诉处理的程序

申诉程序的说明如表 7-3 所示。

表 7-3 申诉程序的说明

序号	程序	步骤说明	备注
1	非正式沟通	（1）在提出申诉前，应让员工采用企业既有的员工沟通渠道，尝试直接解决申诉所涉事项 （2）可直接与当事人单独沟通，也可在他人陪同下，或在调解员调解下，与当事人沟通 （3）非正式沟通无效，或所涉事项不适合沟通，员工可提出正式申诉	申诉机制鼓励员工以非正式沟通的方式解决各类引发申诉的问题，从而有效节约员工和企业在申诉机制中的成本投入
2	提出正式申诉	（1）员工可就企业内发生的任何问题提出正式申诉 （2）员工可自行提出申诉；也可在员工代表或企业内工会成员、获得员工信任的外部机构或个人的陪同下，提出正式申诉；还可委托企业内的其他员工作为代理人代表员工提出申诉、向员工提供咨询意见、协助员工完成整个申诉程序 （3）申诉受理部门为申诉者和被申诉者的直接主管部门，处理申诉的负责人为该部门行政事务负责人。人力资源部门负责协助申诉各方完成申诉流程。当人力资源部门负责人作为被申诉者时，人力资源部门应指派专人协助各方完成申诉流程 （4）正式申诉可通过书面或口头形式呈递至申诉受理部门 （5）以书面形式提出的申诉，申诉受理部门应通过人力资源部门向员工开具收悉证明 （6）以口头形式提出的申诉，申诉受理部门应通过人力资源部门安排专人记录申诉，将书面记录向员工阅读，得到员工签字确认，并向员工提供书面记录副本	员工有获得陪同的权利和指定代理人的权利。获得陪同的权利在于缓解员工提出申诉时的紧张情绪，为员工提供参考意见，维护员工的利益。指定代理人的权利在于保障员工因担心申诉可能给自己带来的潜在风险，而能够选择通过代理人表达申诉。代理人可以是工会代表，可以是非工会人员（但由部分员工推举出的员工代表），也可以是获得员工个人委托的其他员工，还可以是获得员工信任的外部机构或个人
3	调查	申诉受理部门收到申诉后，应在人力资源部门参与下，在2个工作日内启动申诉调查，并在3个工作日内结束调查。如遇特殊情况，申诉调查启动时间或完成时间需要延期，申诉受理部门应当给出明确的理由及延期所需时间	
4	处理	（1）调查结束后3个工作日内，申诉受理部门应在人力资源部门参与下，召集申诉人、被申诉人，举行申诉处理会议，公布申诉调查结果。调查结果公布后，申诉人、被申诉人有权在申诉处理会议上表达自己的立场、观点和对事实的解释或澄清。申诉人、被申诉人都享有获得陪同和委托代理人的权利	

续表

序号	程序	步骤说明	备注
4	处理	（2）申诉受理部门应在人力资源部门参与下，在申诉处理会议结束2个工作日内，出具申诉处理决定 （3）申诉处理决定应传达至申诉人、被申诉人，并应在人力资源部门保留备份	
5	上诉	（1）若申诉人、被申诉人对申诉处理会议的处理决定有异议，可在收到申诉决定后的3个工作日内提出上诉 （2）上诉处理部门为申诉受理部门的直接上级主管部门，负责人为该部门行政事务负责人。人力资源部门负责协助上诉各方完成申诉流程 （3）上诉处理决定应在人力资源部门参与下，在上诉提出的3个工作日内，召开上诉处理会议 （4）申诉人、被申诉人有权在上诉处理会议上表达自己的立场、观点和对事实的解释或澄清。申诉人、被申诉人都享有获得陪同和委托代理人的权利 （5）对申诉的上诉处理，应以申诉受理部门的调查结果、申诉人和／或被申诉人对事实的解释或澄清为依据，原则上不对申诉内容重新展开调查 （6）上诉受理部门应在人力资源部门参与下，在上诉处理会议结束2个工作日内，出具上诉处理决定。上诉处理决定应传达至申诉人、被申诉人，并应在人力资源部门保留备份 （7）上诉处理决定为企业内的最终处理决定。若申诉受理部门为企业内最高管理部门，则申诉处理决定为最终处理决定	"两级终审制"的方式能够有效减少企业管理层对申诉处理的资源投入，提高申诉处理的效率；同时，在企业内部设置申诉和上诉两级环节，已能清楚表明企业管理层对申诉的态度立场，因此过多的上诉环节并无必要。员工若仍对上诉处理决定不满，则可选择企业外救济渠道
6	企业外申诉	申诉人不满意，在企业外寻求其他非司法救济或司法救济	申诉人、被申诉人使用申诉机制，并不放弃在企业外获得其他非司法救济或司法救济的权利

六、申诉信息的保密

企业管理层在申诉过程中应确保相关信息不会外泄。申诉者可决定相关信息是否公开。

申诉和上诉处理决定可在隐匿参与方姓名或任何可能导致参与方身份泄露等信息的前提下，由人力资源部门向全体员工或管理层公布。

信息在保持匿名的情况下向全体员工公开，是展示申诉处理过程透明、公开的最好方式之一，有利于在员工中树立申诉机制的公信力，获得员工对申诉机制的认可与信任，也有利于在员工中普及企业的管理制度。信息在保持匿名的情况下向管理层公布，有利于管理层积累管理经验和教训，提升管理工作，不断改进、完善企业内申诉机制。

> **小提示**
>
> 企业的人力资源部每年应统计分析申诉类型、申诉和上诉频率等信息，并搜集员工对申诉机制的意见和建议，为企业决策者对申诉机制和企业管理制度做出改进提供参考依据。